novas buscas
em comunicação

VOL. 35

Dados Internacionais de Catalogação na Publicação (CIP)
(Câmara Brasileira do Livro, SP, Brasil)

Pinho, J. B., 1951-

Propaganda institucional : usos e funções da propaganda em relações públicas / José Benedito Pinho. – São Paulo : Summus, 1990. – (Novas buscas em comunicação ; v. 35)

Bibliografia.

1. Propaganda 2. Publicidade 3. Relações Públicas I. Título. II. Série.

90-0639

CDD-659.1
-659

Índices para catálogo sistemático:

1. Propaganda   659.1
2. Propaganda e relações públicas   659
3. Publicidade   659.1
4. Relações públicas e propaganda   659

Propaganda Institucional

Usos e funções da propaganda em relações públicas

J. B. Pinho

summus
editorial

Summus Editorial
Departamento editorial:
Rua Itapicuru, 613 – 7º andar
05006-000 – São Paulo – SP
Fone: (11) 3872-3322
Fax: (11) 3872-7476
http://www.summus.com.br
e-mail: summus@summus.com.br

Atendimento ao consumidor:
Summus Editorial
Fone: (11) 3865-9890

Vendas por atacado:
Fone: (11) 3873-8638
Fax: (11) 3873-7085
e-mail: vendas@summus.com.br

Impresso no Brasil

NOVAS BUSCAS EM COMUNICAÇÃO

O extraordinário progresso experimentado pelas técnicas de comunicação de 1970 para cá representa para a Humanidade uma conquista e um desafio. Conquista, na medida em que propicia possibilidades de difusão de conhecimentos e de informações numa escala antes inimaginável. Desafio, na medida em que o avanço tecnológico impõe uma séria revisão e reestruturação dos pressupostos teóricos de tudo que se entende por comunicação.

Em outras palavras, não basta o progresso das telecomunicações, o emprego de métodos ultra-sofisticados de armazenagem e reprodução de conhecimentos. É preciso repensar cada setor, cada modalidade, mas analisando e potencializando a comunicação como um processo total. E, em tudo, a dicotomia, teoria e prática, está presente. Impossível analisar, avançar, aproveitar as tecnologias, os recursos, sem levar em conta sua ética, sua operacionalidade, o benefício para todas as pessoas em todos os setores profissionais. E, também, o benefício na própria vida doméstica e no lazer.

O jornalismo, o rádio, a televisão, as relações públicas, o cinema, a edição — enfim, todas e cada uma das modalidades de comunicação —, estão a exigir instrumentos teóricos e práticos, consolidados neste velho e sempre novo recurso que é o livro, para que se possa chegar a um consenso, ou, pelo menos, para se ter uma base sobre a qual discutir, firmar ou rever conceitos. *Novas Buscas em Comunicação* visa trazer para o público — que já se habituou a ver na Summus uma editora de renovação, de formação e de debate — textos sobre todos os campos da Comunicação, para que o leitor ainda no curso universitário, o profissional que já passou pela Faculdade e o público em geral possam ter balizas para debate, aprimoramento profissional e, sobretudo, informação.

ÍNDICE

INTRODUÇÃO

O estudo dos mecanismos de atuação na opinião pública adquire alta relevância nas sociedades ditas democráticas — como no caso do Brasil — por envolver a disseminação de idéias, valores, conceitos e normas, com o propósito de conseguir influência político-social. Em nossos dias, é grande a parcela de investimentos voltados para um esforço de comunicação que não está interessado basicamente em vender produtos e serviços e presente naqueles anúncios que comumente chamamos de *institucionais*.

Os anúncios institucionais são a parte visível da propaganda institucional, à qual cabe um importante conjunto de tarefas, cujo estudo não mereceu ainda a devida atenção, o que é demonstrado pela escassa bibliografia sobre o assunto no Brasil. A respeito desta propaganda, Canfield se posicionou de forma enfática:

> "A assim chamada propaganda institucional ou de RP é um dos instrumentos básicos na execução do trabalho de RP(...); constitui importante instrumento de RP — um veículo de comunicação utilizado (...) a fim de apresentar informações e incrementar opinião pública favorável".[1]

A consecução de determinados propósitos das Relações Públi-

---

1. CANFIELD, Bertrand R. *Relações públicas*, v. 2, p. 552.

cas junto aos públicos das empresas e das instituições em geral é, portanto, instrumentalizado pela propaganda institucional — ou propaganda de relações públicas, como é também denominada em língua inglesa.

A proposta deste estudo é determinar o papel e as funções que a propaganda desempenha no âmbito das Relações Públicas, bem como as situações em que as Relações Públicas recorrem a este instrumento. Com estes objetivos, o livro está estruturado em sete capítulos. O primeiro aponta a dificuldade de diferenciação entre Propaganda e Publicidade, entendidas como sinônimos ou empregadas indistintamente, enquanto as Relações Públicas não têm ainda uma definição que satisfaça plenamente, em função de seu recente surgimento como área do conhecimento humano. Desta forma, na busca de uma maior precisão conceitual, procedemos a um exame da origem e do desenvolvimento histórico de cada atividade.

O segundo capítulo objetiva fornecer uma visão mais abrangente da natureza das Relações Públicas, de seus objetivos e das funções que exercem. Essa visão se completa, no terceiro capítulo, com um enfoque no planejamento das Relações Públicas, examinando as suas etapas principais e destacando a importância da ação programada e planejada para a correta projeção institucional da organização.

No quarto capítulo, a partir da explicitação dos meios e agentes que as Relações Públicas utilizam para atingir seus objetivos, são identificados os grupos básicos de instrumentos e, com base neles, delineamos uma classificação geral dos instrumentos de Relações Públicas, cujos elementos são caracterizados individualmente.

O quinto capítulo relaciona os principais propósitos da utilização da propaganda em Relações Públicas, reconhecendo que a enumeração sistemática de todos os seus usos pode gerar uma multiplicidade de tipos e classificações. Assim, no sexto capítulo, eles são agrupados naquelas funções que a propaganda vai desempenhar como instrumento de Relações Públicas: a função protetora, a função de identidade, a função institucional, a função de serviço público e a função de estímulo à ação.

No sétimo capítulo, de acordo com a terminologia corrente, designamos como *mídias* os veículos de comunicação de massa empregados pela propaganda: rádio, televisão, cinema, revista, jornal e *outdoor*. Por sua natureza, essas mídias permitem alcançar o público de forma massiva e possuem características que são arroladas na perspectiva de sua utilização como veículos da propaganda com propósitos de Relações Públicas.

Por fim, é também importante mencionar ao leitor que este livro é resultado da compactação da dissertação de Mestrado defendida em maio de 1989 na Escola de Comunicações e Artes da Universidade de São Paulo. Pela sua origem, cabe-me registrar os devidos agradecimentos e gratidão aos componentes da Banca Examinadora: o professor Dr. Francisco Assis Martins Fernandes, pela orientação e apoio com que tem me distinguido; e os professores Dr. Modesto Farina e Dr. Tupã Gomes Corrêa, pelo incentivo dado para a finalização do trabalho.

Capítulo 1
PROPAGANDA, PUBLICIDADE E RELAÇÕES PÚBLICAS: UMA DELIMITAÇÃO CONCEITUAL

No século XX, fatores como a expansão do consumo, a competição entre as empresas, o desenvolvimento acelerado dos meios de comunicação de massa e as crescentes exigências sociais, colocam a Publicidade, a Propaganda e as Relações Públicas em uma posição de grande evidência e importância.

Entretanto, a Publicidade, a Propaganda e as Relações Públicas são processos de comunicação massiva e dirigida que muitas vezes são confundidos entre si. Encerram atividades e ações que podem ser localizadas em épocas remotas, mas os termos são relativamente recentes.

Em um sentido mais restrito, as definições de publicidade e de propaganda envolvem profundas contradições. O publicitário francês Robert Leduc conceitua a propaganda como "o conjunto dos meios destinados a informar o público e a convencê-lo a comprar um produto ou um serviço."[1] De uma maneira totalmente oposta, Eugênio Malanga entende como publicidade "o conjunto de técnicas de ação coletiva utilizadas no sentido de promover o lucro de uma atividade comercial, conquistando, aumentando ou mantendo clientes."[2]

A Lei n.º 4.860, de 18 de julho de 1965, que regulamentou o exercício da profissão de publicitário em nosso país, utiliza sem distinguir os dois termos. Começa por definir como *publicitários* aqueles que exercem funções de natureza técnica da especialidade nas agências de *propaganda*; define ainda *agência de propaganda* como aquela pessoa jurídica especializada na arte e técnica *publicitárias*.

Percebe-se que, na prática, as expressões *agência de publicidade* e *agência de propaganda* são usadas indistintamente, enquanto os termos *publicidade* e *propaganda* são sinônimos. O mesmo não acontece com a denominação *propagandista*, que não é equivalente a *publicitário*, pois está popularmente consagrada para designar o representante de laboratórios farmacêuticos que atua na promoção de produtos junto à classe médica.

Rabaça e Barbosa apontam alguns casos em que existem diferenciações no uso das duas palavras:

> "(...)Em geral, não se fala em *publicidade* com relação à comunicação persuasiva de idéias (neste aspecto, *propaganda* é mais abrangente, pois inclui objetivos ideológicos, comerciais etc.); por outro lado, a *publicidade* mostra-se mais abrangente no sentido de divulgação (tornar público, informar, sem que isso implique necessariamente em persuasão)".[3]

Assim, no Brasil e em alguns países de língua latina, Publicidade e Propaganda são entendidos como sinônimos ou empregados indistintamente; já as Relações Públicas sofrem a dificuldade de ter diferentes significados para diferentes pessoas, por não constituir ainda um campo preciso e delimitado do conhecimento humano.

Vamos examinar a origem das palavras *propaganda*, *publicidade* e *relações públicas*, bem como o seu desenvolvimento histórico, na busca de uma maior precisão conceitual para os termos e para a melhor delimitação de cada atividade.

PUBLICIDADE: A PROMOÇÃO DE PRODUTOS E SERVIÇOS

A palavra *publicidade* designava, em princípio, o ato de divulgar, de tornar público. Tem origem no latim *publicus* (que significa público), originando na língua francesa o termo *publicité*.

Rabaça e Barbosa identificam seu uso, pela primeira vez em língua moderna, no dicionário da Academia Francesa, em um sentido jurídico. Neste momento, *publicité* referia-se à publicação (afixação) ou leitura de leis, éditos, ordenações e julgamentos. Posteriormente, esclarecem os autores, o termo *publicidade* perdeu o seu sentido ligado a assuntos jurídicos e vai adquirir, no século XIX, um significado comercial: "Qualquer forma de divulgação de produtos ou serviços, através de anúncios geralmente pagos e veiculados sob a responsabilidade de um anunciante identificado, com objetivos de interesse comercial."[4]

A publicidade mereceu diversas conceituações. A clássica história do cego pedinte na ponte do Brooklin é contada por Leduc para justificar a definição de publicidade como "a verdade bem dita" (é, na realidade, o *slogan* da agência americana McCann Erickson):

> "Em uma manhã de primavera, um pedestre, ao atravessar aquela ponte, pára diante de um mendigo que em vão estendia seu chapéu à indiferença geral. Num cartaz, esta inscrição: — 'cego de nascença'. Emocionado por este espetáculo, dá sua esmola e, sem nada dizer, vira o cartaz e nele rabisca algumas palavras. Depois se afasta. Voltando no dia seguinte, encontra o mendigo transformado e encantado, que lhe pergunta por que, de repente, seu chapéu se enchera daquela maneira. 'É simples', responde o homem, 'eu apenas virei o seu cartaz e nele escrevi: — É primavera e eu não a vejo'."[5]

Outra definição de publicidade é enunciada por Malanga: "conjunto de técnicas de ação coletiva utilizadas no sentido de promover o lucro de uma atividade comercial, conquistando, aumentando e mantendo clientes."[6]

Com outra abordagem, Karger conceitua a publicidade "como aquela fase do processo de distribuição dos produtos ou serviços que se ocupa de informar sobre a existência e a qualidade dos mesmos, de tal forma que estimule a sua compra."[7]

No Brasil, os primeiros anúncios publicados nos jornais diziam respeito à venda de imóveis ("Quem quiser comprar uma morada de casas de sobrado com frente para a Santa Rita, fale com Ana Joaquina da Silva..."), à de escravos ("uma Paula que tem 'sapiranga' nos olhos e o ar triste"), aos leilões de tecidos ("constando de 64 peças de fustões acolchoados e 50 caixas com vestidos de senhoras"), a escravos foragidos ("um Benedito de Pirassununga com marca de golpe de faca, dois sinais entre as maminhas, que entende alguma coisa de ofício de pedreiro e é um tanto pilantra"), e à solicitação de serviçais para trabalhos nas casas senhoriais ("de uma mulher para senhora inglesa, que saiba bem lavar, engomar e coser, pagando-se um tanto por mês").[8]

Esses anúncios — o primeiro sendo publicado na *Gazeta do Rio de Janeiro*, em 1808 — que pela extrema simplicidade podem ser melhor chamados de *reclames*, refletem a existência, na época, de uma sociedade mercantil. A preocupação que há é de informar as qualidades dos objetos ou serviços anunciados, sem se importar em argumentar e persuadir.

Com o advento da era industrial, mais recentemente, o alto nível de concentração econômica e a produção em massa trouxeram como conseqüência a necessidade de aumentar o consumo dos bens produzidos. Para atender a tal necessidade, as técnicas publicitárias foram se aperfeiçoando, passando a publicidade a ser mais persuasiva nas suas mensagens e deixando em segundo plano o seu sentido inicial, exclusivamente informativo.

A publicidade encerra uma técnica complexa, com objetivos de curto e longo prazos, que não está voltada unicamente a promover as vendas de um produto ou serviço. Cundiff listou outros dez objetivos que podem ser atribuídos à publicidade:

"1. Cumprir toda a função de vendas (no caso, por exemplo, *marketing* através do reembolso postal);

2. Lançar novo produto ao público (tornando conhecida dos compradores em potencial a nova marca);

3. Convencer os intermediários a aderirem ao produto (estratégia de impulso);

4. Cultivar a preferência pela marca (tornando mais difícil aos intermediários vender sucedâneos);

5. Recordar aos clientes que eles devem comprar o produto (estratégia de retenção);

6. Tornar públicas as eventuais alterações ocorridas na estratégia de *marketing* (por exemplo, modificações do preço, novo modelo, algum aperfeiçoamento do produto e assim por diante);

7. Fornecer elementos para a racionalização das compras (por exemplo, desculpas 'socialmente aceitáveis');

8. Combater e neutralizar a propaganda dos concorrentes;

9. Melhorar o moral dos representantes, dos revendedores e dos próprios vendedores (mostrando que a empresa está cumprindo o papel que lhe cabe no composto promocional);

10. Familiarizar os compradores reais e os potenciais com novos usos para o produto (estender o ciclo de vida do produto)."[9]

Classificação dos tipos de publicidade

Conforme os propósitos e as funções que a publicidade toma para si, ela pode ser classificada em um dos seguintes tipos: de produto, de serviços, de varejo, comparativa, cooperativa, industrial e de promoção.

a) *Publicidade de produto* — Tem por objetivo divulgar um produto, levando o consumidor ao conhecimento e compra. O responsável por sua veiculação é o produtor, isto é, o fabricante do bem.

b) *Publicidade de serviços* — Procura "vender" serviços, tais como bancos, financiadoras e empresas seguradoras. Deve-se tomar cuidado na sua identificação, pois as empresas prestadoras de serviços praticam com bastante intensidade a *propaganda institucional*, que, como será visto, tem características que a diferenciam da publicidade.

c) *Publicidade de varejo* — Os produtos anunciados são patrocinados pelos intermediários (no caso, os varejistas). O varejo é uma das instituições do canal de distribuição e caracteriza-se por ser especializado na venda ao consumidor final. Segundo o tamanho da loja, subdivide-se em *pequeno varejo* (armazém, loja de linha única, loja especializada, cooperativa de consumo) e *grande varejo* (lojas de departamentos, supermercados, hipermercados e *shopping centers*). Pode-se aplicar também a designação *publicidade comercial* a esta modalidade.

d) *Publicidade comparativa* — Na publicidade comparativa são feitas alusões aos produtos e serviços dos concorrentes: o anunciante esforça-se por evidenciar que as qualidades do seu produto são superiores às dos artigos oferecidos pelos seus concorrentes. A comparação pode se dar em nível dos preços, da qualidade ou de determinadas características dos produtos comparados.

e) *Publicidade cooperativa* — É o anúncio ou campanha publicitária para a venda de um produto realizada conjuntamente pelo fabricante com um ou mais lojistas ou, inversamente, a associação de diversos fabricantes junto a uma grande loja, para a produção de anúncios cooperados.

O principal propósito da publicidade cooperativa é informar ao consumidor onde e por quanto comprar o produto, principalmente se for lançamento. Existe também a vantagem de o fabricante e intermediário dividirem entre si os custos de produção e veiculação.

f) *Publicidade industrial* — É a publicidade aplicada no campo do *marketing* industrial, onde os bens são comercializados para intermediários que, posteriormente, encaminharão os produtos para o consumidor final. A tarefa da publicidade industrial, diferentemente da publicidade dirigida ao consumidor, não é de vender o produto, mas facilitar, agilizar, otimizar e reduzir os custos do processo de venda.

g) *Publicidade de promoção* — Toda publicidade é um componente do composto promocional da empresa. Por isso, a publicidade de promoção deve ser entendida como o apoio às ações de Promoção de Vendas através dos meios massivos: rádio, televisão, cinema, jornal, revista e *outdoor*.

PROPAGANDA: A DIVULGAÇÃO DE IDÉIAS

A palavra *propaganda* é gerúndio latino do verbo *propagare*, que quer dizer: propagar, multiplicar (por reprodução ou por geração), estender, difundir. Fazer propaganda é propagar idéias, crenças, princípios e doutrinas.

A primeira apropriação do termo *propaganda* foi feita pela Igreja Católica, no século XVII, com o estabelecimento pelo papa Gregório XV de uma Comissão Cardinalícia para a Propagação da Fé (*Cardinalitia Commissio de Propaganda Fide*), tendo por objetivos fundar seminários destinados a formar missionários para difundir a religião e a imprimir livros religiosos e litúrgicos. Procurando contrapor-se aos atos ideológicos e doutrinários da Reforma luterana, o Papa Gregório XV editou a bula *Inscrutabili Divinae*, que criou a Sagrada Congregação para a Propagação da Fé. Com o título oficial de *Sacra Congregatio Christiano Nomini Propaganda* e composta de 13 cardeais e dois prelados, a instituição tornou-se, a partir de 1622, responsável pela disseminação do catolicismo e pela regulamentação dos assuntos eclesiásticos em países não-católicos.

Antigamente, as organizações religiosas se constituíam nas principais disseminadoras de idéias. Sendo o clero o centro do conhecimento, entre os seus membros se encontravam freqüentemente os únicos habilitados a ler e escrever. E a propaganda assumiu um caráter de divulgação da informação de natureza religiosa para a conversão dos povos gentios.

A Reforma protestante, o advento da imprensa, o surgimento das classes mercantis e comerciais, a descoberta de novos mundos e, mais tarde, a Revolução Industrial, fizeram com que a Igreja Católica perdesse seu monopólio na propagação de idéias. Outras organizações não-católicas começaram a se utilizar da propaganda na difusão de novas idéias, princípios e doutrinas, a qual deixou de ser exclusividade dos sacerdotes e se tornou uma atividade peculiar a vários tipos de organizações econômicas, sociais e políticas.

A propaganda passou a desempenhar um importante papel em uma sociedade que se transformava radicalmente, conforme Childs descreveu:

"A expansão da democracia e a extensão do sufrágio, o aumento das facilidades educacionais e da alfabetização, a evolução tecnológica no campo das comunicações, as transformações econômicas, tanto na produção quanto na distribuição e no consumo de riquezas, bem como o ritmo crescente das modificações sociais e a necessidade cada vez maior de cooperação social, tudo isso afetou grandemente o papel da propaganda na sociedade. O significado histórico da propaganda é maior quando ela é executada sistemática e duradouramente por grupos amplos e bem organizados."[10]

Foi assim que companhias comerciais e industriais, associações de classe, sindicatos e partidos políticos realizaram intensas atividades de propaganda. Uma de suas modalidades, a propaganda política, existe desde que nasceram as disputas políticas, ou seja, desde o início do mundo, como é bem colocado por Domenach:

"Foram, por certo, uma espécie de campanha de propaganda, aquelas movidas por Demóstenes contra Felipe ou por Cícero contra Catilina. Assaz consciente dos processos que tornam amados os chefes e divinizam os grandes homens, Napoleão compreendeu perfeitamente que um governo deve preocupar-se em obter o assentimento da opinião pública (...). Políticos, estadistas e ditadores, de todos os tempos, procuraram estimular o apego às suas pessoas e aos seus sistemas de governo."[11]

Contudo, é na primeira metade do século XX que se assistiu ao desenvolvimento das condições técnicas dos suportes que vão dar à propaganda política (e a todas as demais modalidades) os canais para uma atuação de ilimitada amplitude sobre as massas ávidas de informações e extremamente influenciáveis. Cria-se um jornal moderno, de grandes tiragens a custo acessível, graças à invenção da rotativa, à utilização da publicidade como fonte de recursos financeiros para o veículo, à distribuição rápida e eficiente, que integra o transporte ferroviário, rodoviário e aéreo, à rápida transmissão da informação, entre outros meios, pelas agências noticiosas nacionais e internacionais. O rádio, por sua vez, rompe com todas as limitações da voz humana: ela pode agora repercutir, simultaneamente, em todos os pontos do mundo. Quanto à imagem, de extrema credibilidade, pode ser reproduzida com a invenção da fotografia; o cinema proporcionou uma verdadeira revolução na transmissão de imagens que aliam o som e o movimento; a televisão, que é som, imagem e movimento, possibilita a cobertura do fato no momento em que está ocorrendo, diretamente para milhares ou milhões de residências.

Vivemos em um mundo de ideologias e sistemas filosóficos em conflito, no qual coexistem inúmeras organizações que se dedicam à disseminação de suas idéias, princípios e doutrinas, sejam elas de natureza institucional, política, social, econômica ou religiosa. A esse contingente vêm juntar-se as entidades governamentais em nível municipal, estadual e nacional. No campo das relações internacionais, intensificam-se os esforços de propaganda pela concorrência existente entre as nações hegemônicas dos blocos capitalista e socialista.

O Instituto de Análise da Propaganda, sociedade norte-americana dedicada ao estudo dos métodos utilizados pelos propagandistas para influenciar a opinião pública, define propaganda como "uma expressão de opinião ou ação por parte de indivíduos ou grupos, deliberadamente destinada a influenciar opiniões ou ações de outros indivíduos ou grupos relativamente a fins predeterminados."[12] A definição é uma maneira de dizer que a propaganda se refere a idéias, doutrinas e opiniões que são divulgadas com um dado propósito.

Harold D. Lasswell não entende a propaganda como uma simples difusão de idéias e doutrinas, mas a sua propagação por certos métodos. Para ele, "a propaganda baseia-se nos símbolos para chegar a seu fim: a manipulação das atitudes coletivas."[13] Assim, o uso de representações para produzir reações coletivas pressupõe uma ação de propaganda.

Englobando todas estas considerações, podemos conceituar a propaganda como "o conjunto de técnicas e atividades de informação e persuasão destinadas a influenciar, num determinado sentido, as opiniões, os sentimentos e as atitudes do público receptor."[14]

Classificação dos tipos de propaganda

Presente em todos os setores da vida moderna, a propaganda pode, de acordo com a sua natureza, ser classificada como: ideológica, política, eleitoral, governamental, institucional, corporativa, legal, religiosa e social.

a) *Propaganda ideológica* — Trata-se de uma técnica de persuasão desenvolvida de maneira mais global e ampla do que os demais tipos. Para Garcia, "sua função é a de formar a maior parte das idéias e convicções dos indivíduos e, com isso, orientar todo o seu comportamento social. As mensagens apresentam uma versão da realidade a partir da qual se propõe a necessidade de manter a sociedade nas condições em que se encontra ou de transformá-la em sua estrutura econômica, regime político ou sistema cultural."[15] Assim, a propaganda ideológica encarrega-se da difusão de uma dada ideologia, ou seja, um conjunto de idéias a respeito da realidade.

Intensamente usada no Brasil a partir da Revolução de 1964, a propaganda ideológica foi coordenada por órgãos especialmente criados: Assessoria Especial de Relações Públicas da Presidência da República (AERP) nos governos Costa e Silva e Médici; Assessoria de Imprensa e Relações Públicas (AIRP) no governo Geisel; finalmente, Secretaria da Comunicação Social (Secom) no governo Figueiredo, depois transformada na Secretaria de Imprensa e Divulgação (SID).

b) *Propaganda política* — Tem um caráter mais permanente e objetiva difundir ideologias políticas, programas e filosofias partidárias. A propaganda política transformou-se em um dos grandes fenômenos dominantes do século XX e um instrumento poderoso para a implantação do comunismo, do fascismo e do nazismo. "O principal" — asseverou Lenin — "é a agitação e a propaganda em todas as camadas do povo." Hitler disse: "A propaganda permitiu-nos conservar o poder, a propaganda nos possibilitará a conquista do mundo."[16]

c) *Propaganda eleitoral* — De utilização esporádica, a propaganda eleitoral visa conquistar votos para determinado postulante a um cargo eletivo. Os principais instrumentos das campanhas eleitorais são: a pichação em muros, paredes, meio-fio e ruas asfaltadas; adesivos para automóveis e vitrines; crachás; braçadeiras; camisetas e bonés; balões cativos; faixas, que constituem um material indispensável em uma campanha eleitoral; mala-direta, levando notícias do candidato ao seu eleitorado; e jornal próprio, um dos mais caros instrumentos.

d) *Propaganda governamental* — Tem por objetivo criar, reforçar ou modificar a imagem de um determinado governo, dentro e fora de suas fronteiras. A propaganda governamental — feita pelo próprio governo ou por companhias estatais — representa uma grande parcela do volume total de propaganda veiculada no Brasil, o que demonstra a preocupação do governo (em seus três níveis: federal, estadual e municipal) com a opinião pública.

e) *Propaganda institucional* — Denominada por alguns autores americanos de *propaganda de relações públicas (Public Relations Advertising)*, a propaganda institucional é uma área onde as atividades de Relações Públicas e de Propaganda interagem.

A propaganda institucional tem por propósito preencher as necessidades legítimas da empresa, aquelas diferentes de vender um produto ou serviço.

f) *Propaganda corporativa* — A divulgação institucional de uma empresa é classificada de propaganda corporativa pelo *Publishers Information Bureau* quando ela tem, entre seus propósitos específicos, o objetivo de divulgar e informar ao público as políticas, funções e normas da companhia; de construir uma opinião favorável sobre a companhia; e de criar uma imagem de confiabilidade para os investimentos em ações da companhia ou para desenvolver uma estrutura financeira.[17]

g) *Propaganda legal* — Surgiu a partir da promulgação da Lei nº 6.404, de 1976, que obriga todas as empresas de sociedade anônima, de capital aberto ou não, a publicar seus balanços, atas de convocação e editais no *Diário Oficial* e em pelo menos mais um jornal de grande circulação.

h) *Propaganda religiosa* — Durante séculos, a essência da Igreja foi a sua missão de comunicação de uma boa nova que vem de Deus. Para tal tarefa, ela foi criada e continua no seu desempenho até hoje, utilizando os mais diversos meios de comunicação. Inicialmente, na forma de comunicação interpessoal, através do testemunho de uma outra pessoa ou na pregação de um cristão perante um grupo de pessoas. A escrita permitiu a ampliação da comunicação verbal, seguida pela música (onde se destaca o canto gregoriano), pelas artes plásticas (desenhos ou pinturas nas paredes das capelas, esculturas e a própria arquitetura dos templos) e pelo teatro. Com a invenção da tipografia por Gutenberg, a primeira obra de vulto impressa foi a Bíblia. Também os jornais e, mais tarde, as revistas, o rádio, o cinema e a televisão mantiveram o interesse das Igrejas nestas formas de comunicação.

Em nossos dias, a mais conhecida ação de propaganda religiosa é empreendida todo ano, no período da Quaresma, pela Igreja Católica. Trata-se da Campanha da Fraternidade, patrocinada pela CNBB — Conferência Nacional dos Bispos do Brasil , que se serve dos meios de comunicação de massa para disseminar sua mensagem evangélica.

i) *Propaganda social* — Agrupam-se com a denominação de propaganda social todas as campanhas voltadas para as causas sociais: desemprego, adoção do menor, desidratação, tóxicos, entre outras. São programas que procuram aumentar a aceitação de uma idéia ou prática social em um grupo-alvo.

RELAÇÕES PÚBLICAS: A BUSCA DE UM CONCEITO

As primeiras manifestações concretas das atividades de Relações Públicas[18] — embora ainda de caráter incipiente — somente surgem após a Guerra da Secessão americana. Com a derrota dos estados escravagistas, o poder político e econômico passou às mãos dos capitalistas e industriais das cidades do Leste. E o país experimentou um período de enorme desenvolvimento, proliferando também os especuladores gananciosos pelos lucros fáceis e os industriais que se valiam do poder político para fortalecer seu controle sobre o governo e usá-lo na promoção dos seus interesses econômicos. Por seu lado, os trabalhadores vivenciavam péssimas condições de trabaho em razão, principalmente, dos salários aviltantes e das longas jornadas de trabalho.

Atribui-se a William Henry Vanderbilt, um magnata das ferrovias americanas, a frase — ''The public be damned'' (''O público que se dane''). Foi a sua resposta quando questionado por um repórter do jornal nova-iorquino *Times* sobre a suspensão do tráfego de seus trens em um ramal ferroviário que vinha apresentando contínuo déficit operacional. Essa frase se tornou um verdadeiro lema para os industriais sem escrúpulos e sintetiza o período que se viveu, de completa falta de sintonia entre a empresa e os seus públicos.

Essa situação propiciou uma violenta reação da opinião pública, obrigando os grandes capitalistas a se defenderem, o que vai determinar a necessidade de correção da atitude dos empresários e a divulgação de informações favoráveis às empresas pela imprensa. O momento foi percebido pelo jornalista Ivy Ledbetter Lee como propício para a criação de uma assessoria, que, em um primeiro momento, produzia e distribuía notícias das empresas para serem publicadas em caráter jornalístico e não como anúncios ou como matéria paga. Elas continham informações verdadeiras sobre as empresas, de interesse e de real importância para o público, sendo um meio de evitar denúncias.

Depois de abandonar sua mal remunerada profissão de jornalista, Ivy Ledbetter Lee instalou-se como assessor de Relações Públicas na cidade de Nova York, em 1906.[19] Seu primeiro cliente foi a Pennsylvania Railroad, à qual se juntaram outras ferrovias e empresas de serviço público. A partir de dezembro de 1914, desenvolveu atividades como consultor pessoal de John D. Rockefeller Junior, em razão de uma greve violenta irrompida na Colorado Fuel and Iron Company, empresa da família Rockefeller.

Nessa tarefa, Ivy L. Lee obteve um sucesso total, a ponto de "alterar a imagem pública de John D. Rockefeller, pai, de 'velho capitalista voraz' para a de um bondoso ancião, que dava tostões para as crianças e milhões de dólares para obras de caridade e que se tornou uma lenda."[20]

Paulatinamente (e sem solução de continuidade), as atividades de Relações Públicas vão se desenvolvendo e aperfeiçoando, e a profissão, estruturando-se. Práticas, técnicas e princípos de Relações Públicas são constantemente criados e colocados em ação: as promoções para estimular o patriotismo e vender bônus de guerra (no período da I e da II Guerra Mundial); os esforços para esclarecer a opinião pública sobre a situação econômica e financeira dos Estados Unidos (no período da Grande Depressão); as campanhas de Relações Públicas no campo eleitoral e político e também no social, que permitiram carrear milhões de dólares para causas beneficentes (entre as duas guerras mundiais); e, mais recentemente, a grande sofisticação das técnicas e atividades de Relações Públicas presentes nas empresas, no governo, nos sindicatos e nas mais diversas instituições sociais.

Pertence à The San Paulo Tramway and Power Company Limited (atualmente denominada Eletropaulo — Eletricidade de São Paulo S.A.) a primazia da criação do primeiro Departamento de Relações Públicas no Brasil, em 30 de janeiro de 1914. Os objetivos do setor eram cuidar das relações da companhia com os seus usuários e dos contatos com autoridades municipais e estaduais.

A menção vale mais pelo pioneirismo da medida daquela companhia canadense concessionária de serviços públicos no Brasil, que nos parece, porém, bastante prematura. Peruzzo postula, com mais propriedade, que as Relações Públicas surgem e vão se firmar efetivamente no Brasil no contexto do avanço da industrialização.[21] E o primeiro passo para o avanço industrial no país foi dado, nos anos 40, com a implantação da Companhia Siderúrgica Nacional, em Volta Redonda (RJ). Assim, a expansão profissional das Relações Públicas vai ocorrer na década de 50, com o estímulo à entrada do capital estrangeiro para o parque industrial brasileiro e com as grandes empresas passando a exigir competência e preparo profissional.

Reforçando essa assertiva, nos anos 50 se assistiu ao curso do professor Eric Carlson sobre a aplicação das técnicas de Relações Públicas na administração pública (na Fundação Getúlio Vargas, 1953); à fundação e posse da primeira diretoria da ABRP — Associação Brasileira de Relações Públicas (em São Paulo, agosto de 1954); à inclusão da disciplina "Relações Públicas" no currículo da ESAN — Escola Superior de Administração de Negócios, pertencente à Fundação de Ciências Aplicadas (em São Paulo, 1955); ao seminário promovido por determinação do governador do Estado de São Paulo, Jânio Quadros, e dirigido à conscientização dos redatores do Estado sobre a importância dos modernos serviços de informação governamental (1956).

Outro passo importante e definitivo para a consolidação de Relações Públicas foi o reconhecimento da profissão, pela Lei n.º 5.377, de 11 de dezembro de 1967. O texto legal, em seu artigo 1.º, declarou a designação "Profissional de Relações Públicas" e o exercício das respectivas atividades como privativos dos bacharéis diplomados em cursos de Relações Públicas, de nível superior, reconhecidos pelo Conselho Federal de Educação.[22]

O conceito de Relações Públicas

Apesar das inúmeras contribuições da literatura especializada e do acelerado desenvolvimento que as Relações Públicas vêm alcançando, não há ainda uma definição que satisfaça plenamente. Teobaldo atribui as dificuldades de conceituação a questões semânticas e ao ainda recente surgimento das Relações Públicas como área do conhecimento humano:

> "A realidade é que o termo 'relações públicas' tem diferentes significados para diferentes pessoas, estando ainda longe de se encontrar uma significação pacífica para a expressão. E as dificuldades aumentam mais quando se nota que RR. PP. ainda não se constituem, cristalinamente, em um campo limitado, caracterizado e independente, do conhecimento humano."[23]

Na Inglaterra, o Instituto de Relações Públicas definiu a prática de Relações Públicas como

> "o esforço deliberado, planificado e permanente para estabelecer e manter mútua compreensão entre uma organização e seu público."[24]

A Associação Francesa de Relações Públicas, no seu Código de Ética, enuncia:

> "Chamamos de Relações Públicas as atividades desenvolvidas por um grupo, tendo em vista estabelecer e manter as boas relações entre os membros do grupo e entre os grupos e os diferentes setores da opinião pública."[25]

No caso do Brasil, o regulamento que disciplina o exercício da profissão de Relações Públicas e sua fiscalização, anexo ao Decreto n.º 63.283, de 26 de setembro de 1968, determina:

> "Artigo 1.º — A atividade e o esforço deliberado, planificado e contínuo para estabelecer e manter compreensão mútua entre uma instituição pública ou privada e os grupos e pessoas a que esteja direta ou indiretamente ligada, constituem o objeto geral da profissão liberal ou assalariada de Relações Públicas."[26]

O texto legal reproduz, com pequenas alterações, a definição oficial da ABRP — Associação Brasileira de Relações Públicas —, que entende por Relações Públicas

> "o esforço deliberado, planificado, coeso e contínuo da alta administração, para estabelecer e manter uma compreensão mútua entre uma organização, pública ou privada, e seu pessoal, assim como entre essa organização e todos os grupos aos quais está ligada, direta ou indiretamente."[27]

Nota-se que a ABRP, por sua vez, tomou como ponto de partida o conceito do Instituto Britânico de Relações Públicas, acrescentando a referência de tratar-se Relações Públicas de uma atividade ligada à alta administração de uma empresa, seja ela pública ou privada.

A definição do CONRERP — Conselho Regional de Profissionais de Relações Públicas —, de São Paulo, diz que:

"Relações Públicas é uma função de caráter permanente, planificada e regular, que, partindo do pressuposto de que a boa vontade da opinião pública é fundamentalmente importante para a vida de qualquer empresa, pessoa, entidade ou órgão governamental, trabalha junto a esta mesma opinião pública — essencialmente junto aos setores que lhe são mais relevantes ou próximos — visando a:
a) conhecer e analisar suas atitudes:
b) recomendar à empresa ou entidade meios e modos pelos quais ela possa satisfazer os anseios da opinião pública;
c) informar a opinião pública sobre a satisfação de seus anseios, por parte da empresa ou entidade; e
d) promover a imagem da entidade ou empresa e de seus produtos ou serviços junto à opinião pública."[28]

As Relações Públicas em atividades não empresariais

Quando aplicadas a outros campos, distintos das atividades empresariais, as Relações Públicas recebem denominações mais específicas. Podemos identificar, entre as principais, as Relações Públicas Governamentais, as Relações Públicas Internacionais, as Relações Públicas Educacionais, as Relações Públicas em organizações populares e as Relações Públicas em organizações que não visam ao lucro.

a) *Relações Públicas Governamentais* — No campo governamental, a elaboração de programas de relações da administração pública com o público é vital, pois um governo só se mantém se obtiver o apoio da opinião pública. Dessa maneira, as Relações Públicas no governo revelam-se

"como uma atividade para conseguir o apoio público, por meio de ampla divulgação das realizações e planos governamentais e da oportunidade de participação, que proporciona a todos os cidadãos, nos processos e atividades públicas."[29]

b) *Relações Públicas Internacionais* — As Relações Públicas Internacionais desenvolvem-se, principalmente, por iniciativa das empresas multinacionais, dos organismos internacionais de incentivo às relações comerciais e industriais (Mercado Comum Europeu, ALALC

— Associação Latino-Americana de Livre Comércio), dos serviços governamentais de divulgação turística e das companhias aéreas e de navegação marítima. Compreendem as Relações Públicas Internacionais

"o conjunto de medidas, iniciativas, esforços e formas práticas de ação e expressão, que visam obter mais estreito e produtivo relacionamento entre os povos, no sentido de estimular e facilitar o entendimento, a coexistência e a cooperação entre eles; no sentido também de fomentar melhores e mais amplas atividades de intercâmbio comercial e industrial; e finalmente, com o objetivo de ampliar os níveis de cultura geral, através de mútuas facilidades de acesso aos respectivos patrimônios e instrumentos de cultura."[30]

c) *Relações Públicas Educacionais* — Em todos os seus níveis, o ensino é uma área que afeta ao conjunto da população. As Relações Públicas na área educacional têm-se intensificado para obter a compreensão e o apoio de cada cidadão para a grande tarefa de formação das novas gerações. As atividades de Relações Públicas vão dirigir-se aos diferentes públicos que se relacionam com a instituição escolar: os estudantes e ex-alunos, professores e funcionários, os pais e a comunidade em geral.

d) *Relações Públicas em Organizações Populares* — A utilização das Relações Públicas pelos movimentos populares é uma questão nova que se apresenta. Peruzzo coletou algumas possibilidades concretas para os movimentos sindical e de favelados, clubes de mães, comunidades eclesiais de base, pastoral da terra e sociedades de amigos de bairro, no uso de Relações Públicas: 1) ajudar os movimentos a melhorarem a própria imagem diante do público; 2) ajudá-los a tornar aceitáveis os seus programas e objetivos: por exemplo, mostrando como esses programas satisfazem às aspirações populares, que o caminho que trilham é adequado, que suas intenções são honestas etc.; 3) ajudar o bom fluxo de comunicações dentro dos movimentos populares: liderança-base, base-liderança; 4) ajudar a prever as possíveis reações do público diante dos movimentos reivindicatórios das classes subalternas; 5) ajudar as classes subalternas e os movimentos populares a comunicarem entre si seus propósitos e realizações e, quando oportuno, ajudá-los a patentear esses propósitos ao outro pólo.[31]

e) *Relações Públicas em Organizações que não visam ao lucro* — Entre as organizações que não visam ao lucro, agrupam-se as instituições filantrópicas, os hospitais, os grupos religiosos e as bibliotecas. "Em geral", afirmam Cutlip e Center, "os conceitos e as práticas das Relações Públicas neste campo vão se aperfeiçoando. Tais associações e entidades recebem, em grande parte, a proteção pública, assim como ajuda financeira."[32] E as Relações Públicas podem ser úteis no estímulo ao encaminhamento de doações e verbas, na manutenção e ampliação do corpo de voluntários e na conquista de aprovação do público para novas idéias e conceitos que apresentem problemas de controvérsia.

NOTAS BIBLIOGRÁFICAS

1. LEDUC, Robert. *Propaganda: uma força a serviço da empresa*, p. 30.
2. MALANGA, Eugênio. *Publicidade: uma introdução*, p. 11.
3. RABAÇA, Carlos Alberto & BARBOSA, Gustavo. *Dicionário de Comunicação*, p. 378.
4. *Idem, ibid.*, p. 378.
5. LEDUC, Robert, *op. cit.*, p. 29-30.
6. MALANGA, Eugênio, *op. cit.*, p. 11.
7. KARGER, D.W. *La publicidad: que es y para que*, p. 9-10.
8. ARRUDA, Maria Arminda do Nascimento. *A embalagem do sistema*, p. 82-3.
9. CUNDIFF, Edward W. *et alii. Marketing básico: fundamentos*, p. 427.
10. CHILDS, Harwood L. *Relações públicas, propaganda & opinião pública*, p. 96.
11. DOMENACH, Jean-Marie. *A propaganda política*, p. 8-9.
12. *Apud* CHILDS, Harwood L., *op. cit.*, p. 101. Não utilizamos o termo *propagandista* no seu sentido popular, como o representante de laboratórios farmacêuticos que promove produtos junto à classe médica. Nas vezes em que aparecer, propagandista deve ser entendido como o profissional envolvido no tratamento das técnicas e atividades de informação e persuasão destinadas a influenciar as opiniões, os sentimentos e as atitudes do público receptor com propósitos determinados.
13. *Idem, ibid.*, p. 101.
14. Francisco de Assis Martins Fernandes. Propaganda. *In*: SILVA, Roberto P. de Queiroz e, coord. *Temas básicos em comunicação*, p. 234.
15. GARCIA, Nélson Jahr. *O que é propaganda ideológica*, p. 10-1.
16. DOMENACH, Jean-Marie, *op. cit.*, p. 7.
17. GARBETT, Thomas F. *Corporate advertising*, p. 13.
18. O termo *Relações Públicas* foi utilizado pela primeira vez em 1807, nos Estados Unidos, na mensagem em que o presidente Thomas Jefferson enviava, para exame e aprovação do Congresso, seu Plano de Governo para o exercício de 1808. No documento, ao afirmar a necessidade de o governo prestar contas ao povo, ele usa a expressão *public relations*.
19. Existem divergências quanto ao ano de instalação do escritório de Relações Públicas de Ivy Ledbetter Lee, que seria a primeira assessoria do ramo. Para Bertrand R. CANFIELD (*Relações públicas*, v. 1, p. 22), a firma se estabeleceu em 1903, tendo Lee formado outra sociedade com o jornalista Thomas J. Ross, em 1919, sob a razão social de Ivy Lee and T. J. Ross Associates. O professor Cândido Teobaldo de Souza ANDRADE (*Para entender relações públicas*, p. 62) indica o ano de 1916 para a abertura da firma de Lee, a que se sucedeu a de Edward L. Bernays, em 1919. Outro autor, Roberto de Paula LEITE (*Relações públicas*, p. 5), assinala 1906 como o ano efetivo de instalação do escritório de Relações Públicas de Ivy Ledbetter Lee.
20. BLACK, Sam. *Practical public relations*, p. 229.
21. PERUZZO, Cicilia Krohling. *Relações públicas no modo de produção capitalista*, p. 23.
22. Os textos legais de regulamentação da profissão de Relações Públicas e do exercício

de suas atividades estão consubstanciados na Lei nº 5.377 (de 11 de dezembro de 1967); no Decreto nº 63.283 (de 26 de setembro de 1968); no Decreto-lei nº 860 (de 11 de setembro de 1969), que dispõe sobre a constituição do Conselho Federal e dos Conselhos Regionais de Profissionais de Relações Públicas; e no Decreto nº 68.582 (de 4 de maio de 1971), que regulamentou o Decreto-lei nº 860.

23. ANDRADE, Cândido Teobaldo de Souza. *Para entender relações públicas*, p. 34.
24. *Apud* LLOYD, Herbert. *Public relations*, p. 7.
25. *Apud* ANDRADE, Cândido Teobaldo de Souza, *op. cit.*, p. 41.
26. SANTOS, Reinaldo. *Vade-mécum da comunicação*, p. 214.
27. ANDRADE, Cândido Teobaldo de Souza, *op. cit.*, p. 45.
28. *Apud* NOGUEIRA, Nemércio. RP: princípios e mecanismos. *Mercado Global*, São Paulo, nº 64, jul./ago. 1985, p. 43.
29. ANDRADE, Cândido Teobaldo de Souza, *op. cit.*, p. 52-3.
30. *Idem, Curso de relações públicas*, p. 109.
31. *Apud* PERUZZO, Cicilia Krohling, *op. cit.*, p. 124. Ver, para outras referências sobre a aplicação das técnicas de Relações Públicas nos movimentos populares: KUNSCH, Margarida Maria Krohling. Propostas alternativas de Relações Públicas. *Intercom — Revista Brasileira de Comunicação*, São Paulo, nº 57, jul./dez. 1987, p. 48-58.
32. CUTLIP, Scott M. & CENTER, Allen H. *Relaciones públicas*, p. 457.

Capítulo 2
RELAÇÕES PÚBLICAS NAS ORGANIZAÇÕES MODERNAS

Os vários significados atribuídos a Relações Públicas por diferentes pessoas e o seu recente surgimento, tanto no Brasil como nos demais países, têm acarretado dificuldades para a conceituação precisa da atividade. Somente nos Estados Unidos, e isto em 1952, foram catalogadas 987 definições para Relações Públicas.

Para uma melhor compreensão do âmbito das Relações Públicas, torna-se necessário desenvolver um exame da natureza de suas atividades e das funções que as Relações Públicas exercem por meio das ações que a elas são próprias.

A NATUREZA DAS RELAÇÕES PÚBLICAS

As Relações Públicas dizem respeito, essencialmente, à responsabilidade social dos indivíduos e das organizações, sendo sua atividade principal ajustar as ações e iniciativas individuais ou institucionais às tendências culturais, econômicas e políticas, com a finalidade de atender o interesse público.[1] Interesse que, na verdade, se revela plural, pois são diversos os públicos com os quais a empresa se relaciona e cada qual tem suas características próprias.

Assim, por sua natureza, as atividades de Relações Públicas são compreendidas como: *a*) uma filosofia da administração, *b*) uma função administrativa, *c*) uma técnica de comunicação.

Relações Públicas como uma filosofia da administração — Os princípios de justiça, bem comum e democracia estão fortemente arraigados no pensamento moderno ocidental e servem de sustentação para uma nova filosofia da administração. Nas empresas, o ideal de justiça "leva a organização a dar a cada um o que lhe é devido e a agir respeitando os direitos dos outros, conforme o que entenda como justo, para os públicos; (...) a idéia de bem comum, ou seja, daquilo a que tanto a organização como todos os públicos têm direito (...), orienta a empresa segundo uma perspectiva de interesses globais, jamais particulares. Esse círculo se completa com uma base democrática nas políticas e normas, de modo a permitir a participação adequada e responsável de todos, no processo decisório."[2]

Adotando uma filosofia, a administração da empresa opera por meio de *políticas*, as quais oferecem um "conjunto integrado de diretrizes que deve impulsionar e orientar os dirigentes, executivos e funcionários sobre o tipo de ação, comportamento e atividade da instituição."[3]

Esta nova atitude da empresa vai servir de base para que as Relações Públicas atuem na busca de um bom relacionamento com seus públicos, em um nível ético bastante elevado. Vai significar, na interpretação de Teobaldo, "uma revolução e a criação de uma nova mentalidade baseada na preocupação de bem satisfazer o interesse público."[4] Vai ainda exigir da empresa honestidade, confiança, integridade e probidade, rejeitando-se a velha política consubstanciada na expressão: "Que o público se dane".

A mentalidade moderna de Relações Públicas foi descrita por Paul Garret, vice-presidente da General Motors Company, como uma filosofia de administração onde as Relações Públicas, na tomada de decisões, irão dar permanente preferência aos interesses do público, interesses estes de natureza egoísta.[5]

Um programa de Relações Públicas deve, então, atender aos diferentes interesses dos diversos públicos da empresa. Pois o empregado valoriza as condições de trabalho, a estabilidade do emprego e as oportunidades de ascensão profissional; o acionista preocupa-se com o desempenho econômico e financeiro da instituição e com os rendimentos das ações e as bonificações; para o consumidor, é importante a relação custo/benefício dos produtos; e assim por diante. Para todos os públicos, a empresa deve desenvolver ações compatíveis, evitando que um deles tenha prejudicado os seus interesses para o favorecimento do outro.

Relações Públicas como uma função administrativa — Apesar de serem conhecidas várias funções de administração, *planejar*, *organizar* e *controlar* são consideradas como as três principais. Elas estarão presentes em todos os casos em que se tenha a necessidade de coordenar o trabalho de outras pessoas.

As Relações Públicas podem ser acrescentadas a estas funções administrativas. Quando assim considerada, Relações Públicas assumem responsabilidade de administração em todos os níveis (direção, gerentes, supervisores) e setores da empresa (produção, planejamento, recursos humanos, finanças, vendas, entre outros).

Para Canfield, "RP são ainda função através da qual a administração confere autoridade, fixa responsabilidade por atividades específicas, assegura a coordenação e integração de atividades do pessoal ligado à empresa."[6] Neste caso, as técnicas de Relações Públicas garantem um maior espírito de colaboração e integram os esforços em prol do bem-estar de todos.

Além disso, as Relações Públicas tornam-se responsabilidade de cada um e do conjunto dos membros de uma organização. Canfield sustenta que a responsabilidade pelas atividades de Relações Públicas não é exclusiva do pessoal da área:

> "Todo administrador que tem contato com empregados, fregueses, fornecedores, distribuidores e varejistas tem grande responsabilidade em matéria de RP. Da mesma forma que qualquer operário comum tem uma responsabilidade idêntica: a de fazer com que o público tenha boa impressão da firma onde trabalha."[7]

Outro aspecto a salientar é a profunda identidade entre Relações Públicas e relações humanas, na perspectiva de que as Relações Públicas, como função administrativa, vão assessorar os Departamentos de Relações Industriais, de Recursos Humanos ou, se for o caso, de Pessoal, na elaboração, implementação e divulgação das políticas de pessoal.

Um breve retrospecto histórico da Teoria da Administração mostra terem sido colocados em prática, entre 1930 e 1940, os princípios da Escola de Administração Científica ou Clássica. Associada aos nomes mais conhecidos do americano Frederick Winslow Taylor e do francês Henri Fayol, a Escola de Administração Científica tinha como premissa que o trabalhador devia ser estudado como uma unidade isolada, assemelhando-se a uma máquina, cuja eficiência poderia ser estimada e estimulada cientificamente.[8]

No entanto, a visão simplista e extremamente mecanicista do homem, que era defendida pelos estudiosos da Escola Clássica, determinou o surgimento de inúmeras críticas e ataques a esta Escola. Começaram então a serem discutidas, e posteriormente colocadas em prática, as idéias de George Elton Mayo, Chester Barnard e outros, no que se denominou de *movimento de relações humanas* ou Escola de Relações Humanas.

O primeiro estudo dirigido pelo psicólogo Mayo visava verificar a relação entre a eficiência do trabalhador e a iluminação no ambiente de trabalho. Foi efetuado de 1927 a 1932 na fábrica da Western Electric Company's Hawthorne Works, em Chicago, com os mesmos enfoques da época de Taylor: o trabalhador como uma unidade isolada, que era, em muitos aspectos, uma máquina cuja eficiência poderia ser cientificamente estudada. As pesquisas terminaram por apontar "o homem como mais do que uma simples peça do processo produtivo, merecedor de considerações especiais, motivado o seu comportamento não só pela necessidade de satisfazer seus desejos materiais, como pela busca constante da satisfação de suas necessidades sociais e psicológicas."[9]

Todo o grande número de outras pesquisas na área de estudo do fator humano no trabalho, desenvolvidas a partir de Mayo e seu grupo, deram origem ao que conhecemos como *relações humanas no trabalho*. Fundamentalmente, a Escola de Relações Humanas percebeu que a Administração não poderia tratar o trabalhador como um átomo isolado, pois atua como membro de grupos de trabalho e está sujeito à influência desses grupos.

Nos dias atuais, segundo Cordeiro, "entende-se por relações humanas uma atitude que deve prevalecer no estabelecimento e na manutenção dos contatos entre as pessoas. Essa atitude deve estar assentada no princípio do reconhecimento dos seres humanos como entes possuidores de uma personalidade própria que merece ser respeitada."[10]

As relações humanas consistem em uma verdadeira forma de administrar, cuja essência é a valorização do ser humano. A identidade de Relações Públicas com as relações humanas está em que a primeira também se ocupa da valorização do homem no trabalho, estendendo inclusive esta preocupação às pessoas que compõem os demais públicos da empresa.

De uma maneira geral, as Relações Públicas irão despertar a atenção dos administradores para os aspectos humanos que envolvem qualquer atividade empresarial, com objetivo de obter a boa vontade e a compreensão de todos os públicos relacionados com a organização.

Relações Públicas como uma técnica de comunicação — As Relações Públicas são uma filosofia da administração, uma função administrativa e também uma técnica de comunicação, abrangendo as comunicações pessoais, as comunicações na empresa e a comunicação de massa.

Ao posicionar Relações Públicas como técnica de comunicação, verificamos que o seu papel é bastante diversificado. Pode, por exemplo, atuar para levar aos seus públicos os propósitos e realizações da empresa. Pode estabelecer um canal de ligação e entendimento entre o empregador e os empregados. Pode informar como a organização está trabalhando para beneficiar a comunidade ou os próprios consumidores de seus produtos.

A informação reveste-se de uma importância fundamental em Relações Públicas. Informação é, em princípio, divulgação destinada a esclarecer as pessoas ou os públicos a respeito de determinado assunto. Penteado complementa dizendo que

> "do esclarecimento decorre uma orientação, um sentido, que pode ser expresso através de uma opinião. Sob essa orientação, a pessoa ou o público é levado a agir e, se age de acordo com a divulgação feita, o esclarecimento recebido e a orientação aceita, o fim do processo é a integração da pessoa ou do público, integração essa que se concretiza na informação recebida. As pessoas e os públicos pensam e agem de acordo com as informações que lhes chegam e nas quais se integram."[11]

Independente de qualquer consideração, as pessoas sentem uma necessidade intuitiva de serem e se sentirem informadas. Os exemplos, tomados de Canfield, são inúmeros: "Os empregados têm curiosidade a respeito das novas políticas ou mudanças que lhes possam afetar o trabalho no escritório ou na fábrica. (...) Os acionistas também se interessam por saber as modificações que estão ocorrendo na organização em que investiram seu capital. (...) O público que reside nas proximidades de uma fábrica nota o trabalho de uma escavadeira, preparando um terreno junto à mesma. Mostra-se interessado na nova construção e em sua provável influência no valor dos terrenos, congestionamento do tráfego e condições de vida na proximidade da fábrica."[12] Negar tais informações acarreta o surgimento de boatos e rumores infundados, cuja principal conseqüência é criar equívocos prejudiciais ao bom relacionamento da empresa com os públicos.

O ato comunicativo revela-se, em sua essência, extremamente complexo. Barreiras e obstáculos presentes no transmissor, no receptor, no canal ou em qualquer outro elemento do processo de comunicação, dificultam a livre circulação da informação.

O processo comunicativo em Relações Públicas, levando em consideração qualquer dificuldade, deve obedecer a certas indicações e respeitar as condições básicas para uma boa e eficiente comunicação.

Cutlip e Center nomeiam em oito palavras, todas iniciadas com a letra "c", as indicações para obter-se uma boa comunicação: credibilidade, contexto, conteúdo, clareza, continuidade, consistência, canais de comunicação e capacidade do auditório.[13] Assim, a comunicação deve ter credibilidade (isto é, ter apoio em fatos críveis), estar adaptada ao contexto, ter uma significação para o receptor, estar redigida com clareza e simplicidade, ter consistência e uma continuidade, empregar para sua difusão canais de divulgação adequados aos receptores e levar em conta o nível cultural do auditório.

Por sua vez, um sistema efetivo de comunicação em uma organização exige o atendimento de certas condições básicas. A primeira delas, verdadeiramente indispensável, é a disposição clara da empresa de informar, de compartilhar os fatos sobre a empresa. A palavra comunicação deriva do latim *communicare*, cujo significado é tornar público, repartir. Mesmo assim, algumas empresas oferecem forte resistência em compartilhar informações com o público. Canfield assinala que tal postura "bloqueia os canais de comunicação e impede o livre trânsito de informações, que é a base da compreensão e do mais estreito contato entre a empresa e o público."[14]

Uma segunda condição é o estabelecimento de uma comunicação bidirecional. Fugindo ao clássico modelo emissor-receptor, o processo de comunicação efetiva em Relações Públicas deve se caracterizar como uma via dupla: emissor-receptor e receptor-emissor, ou seja, da direção aos operários, dos operários à direção; de dentro da empresa para fora e de fora da empresa para dentro; da direção para os públicos e vice-versa. O sistema bidirecional de comunicação permite à empresa adequar melhor suas políticas e programas, em função da reação que vier a sentir do público.

A terceira condição para uma boa comunicação é a correta seleção dos veículos considerando a mensagem e o tipo de público a ser atingido. A empresa conta, hoje, com os mais variados meios de comunicação: a transmissão oral, ordens de serviço, memorandos, cartas, relatórios, mala-direta, palestras, telefone, exposições, rádio, jornal e televisão. Desta forma, existirá sempre um veículo que, por suas características, se revele o mais adequado para a mensagem que se quer transmitir e para o tipo de público que se pretende atingir.

AS FUNÇÕES E ATIVIDADES DE RELAÇÕES PÚBLICAS

Criada pela Federação Interamericana de Relações Públicas (FIRP), a Comisión Interamericana para la Enseñanza de las Relaciones Públicas (CIERP) desenvolveu e teve aprovado, por ocasião do IV Congresso de Relações Públicas (Rio de Janeiro, outubro de

1967), o "Quadro das Funções Gerais e Específicas de Relações Públicas". Segundo Teobaldo, "reconhecido por todas as entidades filiadas à FIARP, esse Quadro resultou de duas pesquisas efetuadas, sob a orientação da Organização Internacional do Trabalho e do Serviço Nacional de Aprendizagem (SENA) da Colômbia e direção geral do Prof. Humberto López López, da Universidade de Antióquia (Medellín)."[15]

O Quadro identifica como funções básicas para as Relações Públicas: Assessoramento, Pesquisa, Planejamento, Execução (Comunicação) e Avaliação. Vamos examinar cada uma das funções e destacar as principais atividades que realizam no âmbito das organizações.

Assessoramento — O profissional de Relações Públicas — também na qualidade de consultor — assessora os diferentes setores e a empresa como um todo no que diz respeito às suas políticas. Terá como atividades específicas sugerir e coordenar políticas de Relações Públicas, de propaganda institucional, de Relações Industriais, de apoio ao *marketing*, bem como propor atitudes para o tratamento com os públicos da empresa, tendo em vista os seus variados interesses e aspirações. Com relação a essa última atividade, Teobaldo entende que deve ser exercido um trabalho de coordenação com os demais setores da empresa e com os serviços de Relações Públicas das instituições da comunidade.[16]

Pesquisa — Torna possível o conhecimento da empresa, de sua situação externa e interna, dos problemas que afetam seu posicionamento perante a opinião pública e os públicos. Para Kunsch, "esse conhecimento só é possível mediante uma pesquisa, pela qual se procura fazer um levantamento completo de toda a situação existente."[17] As atividades específicas desta importante função são: promover pesquisas de opinião pública e examinar seus resultados; analisar as notícias publicadas pela imprensa, as entrevistas com líderes de opinião e a correspondência; detectar possíveis problemas da empresa, em nível institucional; promover e analisar as pesquisas administrativas ou institucionais.

Planejamento — Envolve a orientação e formalização de objetivos e a fixação de prioridades com relação a campanhas de propaganda institucional e programas gerais e específicos de Relações Públicas. Elabora ainda orçamentos e custos para Relações Públicas e seleciona, quando necessário, pessoal para colaborar na efetivação dos programas.

Execução (comunicação) — Compreende a produção de material informativo e de todas as ações a serem desenvolvidas nos setores de divulgação, de informação e de contatos. Nogueira agrupa

Tabela 1
ÁREAS E ATIVIDADES DA FUNÇÃO
DE EXECUÇÃO (COMUNICAÇÃO)

1 — *Divulgação jornalística externa*

- Elaborar e distribuir noticiário, entrevistas, artigos e reportagens para publicação pelos veículos de comunicação social (*press-release*).
- Organizar e dirigir entrevistas coletivas e exclusivas à imprensa.
- Manter contatos permanentes e regulares com a imprensa.
- Organizar e manter atualizado o cadastro de jornalistas.
- Supervisionar as coberturas fotográficas, cinematográficas e de TV, orientando a realização do trabalho.
- Organizar e manter atualizados arquivos de imprensa, de fotografias, de filmes etc.

2 — *Comunicação entre a empresa e seus públicos específicos*

- Elaborar publicações (*house-organs*) de empresa ou entidade para funcionários, clientes, fornecedores, círculos econômico-financeiros, governamentais etc.
- Elaborar campanhas publicitárias e promocionais.
- Organizar congressos, conferências, simpósios, debates, mesas-redondas etc.
- Elaborar quadros de avisos, exposições, mostras etc.
- Organizar e coordenar visitas às instalações da empresa, viagens etc.
- Redigir discursos, mensagens, correspondências etc.
- Criar e dirigir sistemas de comunicação específicos.
- Elaborar materiais audiovisuais.
- Manter contatos pessoais e por outros meios com líderes de opinião, empresários, autoridades, acionistas, distribuidores, consumidores etc.
- Atender consultas, pedidos de informações e de sugestões.

3 — *Eventos e promoções especiais*

- Organizar promoções e eventos, como: inaugurações, comemorações, atos culturais, sociais e cívicos, convenções etc.
- Dirigir o cerimonial.
- Representar a empresa e sua diretoria.
- Manter cadastro atualizado de líderes de interesse da empresa.

4 — *Gerência de Assuntos Públicos* (issue management)

- Elaborar cadastro de assuntos de interesse público afetos à empresa ou entidade.
- Organizar grupos de trabalho específicos para cada assunto ou grupo de assuntos.
- Coordenar o trabalho desses grupos.
- Apresentar à diretoria da empresa as sugestões selecionadas desses grupos.
- Coordenar a execução de atividades sugeridas por esses grupos e aprovadas pela direção da empresa.

FONTE: Adaptado de NOGUEIRA, Nemércio. Sumário profissional, aspectos jurídicos e atividades específicas de Relações Públicas. *Propaganda*, São Paulo, *23*(271): 30-6, fev. 1979.

as atividades correspondentes a esta função nas áreas de (1) divulgação jornalística externa, (2) comunicação entre a empresa e seus públicos específicos, (3) eventos e promoções especiais, e (4) gerência de assuntos públicos, cujas atividades estão relacionadas na Tabela 1.

Avaliação — É o exame ou aferição dos resultados dos trabalhos de Relações Públicas desenvolvidos, utilizando principalmente técnicas de pesquisa. A avaliação pode também ser feita durante o desenrolar dos planos e programas, quando atuará como controle dos trabalhos para possíveis efeitos corretivos.

RELAÇÕES PÚBLICAS COM FINALIDADES INSTITUCIONAIS

Realizando-se em empresas públicas e privadas, nas diversas instituições da sociedade civil (como escolas, igrejas, meios de comunicação, associações de classe) e no Estado (nos ministérios, secretarias e autarquias e a nível municipal, estadual e federal), são inúmeros os objetivos que as Relações Públicas podem assumir e desenvolver em cada campo de atuação.

De uma maneira geral, Nogueira entende que os objetivos gerais de Relações Públicas "consistem em conquistar e manter a credibilidade e a aceitação da companhia junto a seus principais públicos-alvo, de maneira a assegurar à empresa a criação e projeção de uma imagem institucional positiva, bem como auxiliá-la a alcançar suas metas de mercado."[18]

O conceito de Nogueira merece, entretanto, uma ressalva no que se refere à questão da criação e projeção de uma imagem para a empresa. Kunsch alude a que as Relações Públicas devem trabalhar em bases concretas, e não produzir imagens simbólicas, que não guardam relação com o real.[19] Teobaldo postula que "não se deve tentar estabelecer meras falácias (imagens), mas, através de conceitos e idéias, alcançar, honestamente, opiniões e atitudes favoráveis, para as organizações em geral."[20] Torquato contribui com uma distinção entre as palavras *imagem* e *identidade*, por sinal bastante esclarecedora:

> "Por identidade (...) deve-se entender a soma das maneiras que uma organização escolhe para identificar-se perante seus públicos. Imagem, por outro lado, é a percepção da organização por aqueles públicos. (...) A minha identidade é o que eu mesmo sou. A minha imagem é aquela em que imagino que pareço."[21]

Nesse contexto, a verdade é que as Relações Públicas trabalham essencialmente com finalidades institucionais. Essa atuação é prevista no texto da regulamentação da profissão (Lei n? 5.377, de 21 de dezembro de 1967), que diz em seu artigo 2?:

"Consideram-se atividades específicas de Relações Públicas as que dizem respeito a: *a)* a informação de caráter institucional entre a entidade e o público, através dos meios de comunicação; *b)* a coordenação e planejamento de pesquisa de opinião pública, para fins institucionais; *c)* ao planejamento e supervisão da utilização dos meios audiovisuais, para fins institucionais (...)."[22]

O trabalho institucional visa desenvolver uma verdadeira personalidade para a organização, possibilitando a sua divulgação como um todo e em si mesma. Kunsch aponta ainda que existem inúmeros meios para dar a uma organização essa personalidade. Entre eles, o estabelecimento de uma identidade visual coerente com sua cultura e valores, a promoção de atividades de interesse público, o relacionamento com a grande imprensa, as campanhas de propaganda institucional.[23]

A propaganda institucional é reconhecida, também, como uma das formas de se fazer Relações Públicas com finalidades institucionais. Pela sua própria natureza, como detalharemos no capítulo 6, a propaganda institucional contribui grandemente para uma divulgação positiva da empresa, atingindo os mais variados públicos e, se for o caso, o público em geral.

NOTAS BIBLIOGRÁFICAS

1. CHILDS, Harwood L. *Relações públicas, propaganda & opinião pública*, p. 27.
2. SIMÕES, Roberto Porto. *Relações públicas: função política*, p. 76.
3. FARIA, Albino Nogueira de. *Introdução à administração*, p. 197.
4. ANDRADE, Cândido Teobaldo de Souza. *Para entender relações públicas*, p. 147.
5. *Apud* CANFIELD, Bertrand R. *Relações públicas*, v. 1, p. 5-6.
6. *Idem, ibid.*, p. 9.
7. *Idem, ibid.*, p. 11.
8. BROWN, J. A. C. *Psicologia social da indústria*, p. 57.
9. Laerte Leite Cordeiro. O significado de relações humanas. *In*: BALCÃO, Yolanda Ferreira, ed. *O comportamento humano na empresa*, p. 83.
10. Laerte Leite Cordeiro. O significado de relações humanas. *In*: BALCÃO, Yolanda Ferreira, ed., *op. cit.*, p. 83.
11. PENTEADO, José Roberto Whitaker. *Relações públicas nas empresas modernas*, p. 108.
12. CANFIELD, Bertrand R., *op. cit.*, v. 1, p. 14.
13. CUTLIP, Scott M. & CENTER, Allen H. *Relaciones públicas*, p. 205.
14. CANFIELD, Bertrand R., *op. cit.*, v. 1, p. 15.
15. ANDRADE, Cândido Teobaldo de Souza. *Curso de relações públicas*, p. 30.
16. *Idem, ibid.*, p. 31

17. KUNSCH, Margarida Maria Krohling. *Planejamento de relações públicas na comunicação integrada*, p. 81.
18. NOGUEIRA, Nemércio. RP: princípios e mecanismos. *Mercado Global*, nº 64, jul./ago. 1985, p. 45.
19. KUNSCH, Margarida Maria Krohling, *op. cit.*, p. 42.
20. ANDRADE, Cândido Teobaldo de Souza. *Psico-sociologia das relações públicas*, p. 100.
21. REGO, Francisco Gaudêncio Torquato do. *Comunicação empresarial, comunicação institucional*, p. 97.
22. *Apud* D'AZEVEDO, Martha Alves. *Relações públicas: teoria e processo*, p. 309.
23. KUNSCH, Margarida Maria Krohling, *op. cit.*, p. 42-3.

Capítulo 3
O PROCESSO DE PLANEJAMENTO EM RELAÇÕES PÚBLICAS

O planejamento constitui uma das funções de Relações Públicas, ao lado das funções de assessoramento, pesquisa, execução (comunicação) e avaliação, como vimos anteriormente.

No desenvolvimento das finalidades institucionais de Relações Públicas — como nas atividades de apoio a outras áreas — os planos, programas e projetos de iniciativa das Relações Públicas seguem um conjunto de etapas: *diagnóstico* (pesquisa), *planejamento, orçamento, execução, controle* e *avaliação*. Esta ordem de apresentação obedeceu mais a uma seqüência lógica do que cronológica, já que algumas delas podem se realizar simultaneamente.

Dependendo da forma como são executadas, as atividades de Relações Públicas propiciam uma projeção institucional da organização positiva ou negativa. O enfoque no planejamento de Relações Públicas, pelo exame das fases ou etapas que compõem este processo, tem o propósito de alertar para a necessidade da ação programada e planejada, criando condições para uma análise sobre a adequação do uso da propaganda institucional ou de qualquer outra atividade para a solução de problemas que se apresentem.

O DIAGNÓSTICO: UM LEVANTAMENTO DA SITUAÇÃO

Nesta primeira etapa é indispensável proceder a um profundo

levantamento da situação real vivida pela organização. Lorenzetti refere-se ao diagnóstico como uma auditoria social que irá estimar o nível de relacionamente da empresa com os seus diferentes públicos.[1]

Para sua execução, todavia, existe a prévia necessidade de uma determinação dos grupos que se relacionam direta ou indiretamente com a empresa e sua identificação como público.

Conforme Teobaldo, público é

> "o agrupamento espontâneo de pessoas adultas e/ou grupos sociais organizados, com ou sem contigüidade física, com abundância de informações, analisando uma controvérsia, com atitudes e opiniões múltiplas quanto à solução ou medidas a serem tomadas frente a ela; com ampla oportunidade de discussão e acompanhando ou participando do debate geral, através da interação social ou dos veículos de comunicação, à procura de uma atitude comum, expressa em uma decisão ou opinião coletiva, que permitirá a ação conjugada."[2]

Portanto, uma organização tem como seus públicos aqueles grupos que desfrutam de ampla liberdade de informação e discussão e que se voltam para a mesma a fim de externar suas opiniões e posições diante de controvérsias e questões de interesse. A determinação da identidade de cada grupo nas suas relações com as instituições vai se dar pelo interesse público, que representa um elo de ligação entre eles.

Tomando por base o nível de relacionamento que mantêm com a empresa e a existência de interesses em comum, os públicos podem ser classificados em três grupos: público interno, público externo e público misto.

Os empregados de todos os níveis da empresa e seus familiares constituem o público interno. O público externo é formado pelos consumidores, concorrentes, imprensa, governo, comunidade e público em geral. Os acionistas, distribuidores, fornecedores e revendedores fazem parte do público misto. Entretanto, essa última colocação — dos acionistas, distribuidores, fornecedores e revendedores como público misto — não é consensual. Alguns estudiosos de Relações Públicas classificam tais tipos de público como interno, "uma vez que esses grupos possuem ligações estreitas com as organizações e nas suas manifestações se assemelham às reações do público interno."[3]

Depois de identificados os tipos de público, surge o momento de sondar as opiniões, atitudes e reações dos mesmos frente às políticas e aos atos da organização, procurando detectar possíveis problemas.

A pesquisa em Relações Públicas — A pesquisa cumpre um importante papel na fase do diagnóstico da situação, possibilitando conhecer:

"a) em que extensão o público está informado;
b) o que o público pensa e faz;
c) o que o público está planejando fazer em futuro próximo;
d) como pensa e reage o público ante decisões tomadas pelas empresa ou instituição;
e) qual será a atitude do público em relação a ações que estão sendo planejadas pela empresa ou instituição;
f) quais as necessidades do público e que medidas devem ser adotadas pela empresa ou instituição a fim de satisfazer essas necessidades."[4]

Os instrumentos para o levantamento de dados que permitem um diagnóstico preciso são: a pesquisa bibliográfica, o *survey*, a pesquisa institucional ou administrativa e a pesquisa de opinião pública.

A pesquisa bibliográfica realiza-se por meio da consulta a tudo aquilo que já foi escrito sobre um determinado assunto em livros, revistas e demais publicações. O *survey* está colocado como uma pesquisa de campo de caráter mais superficial, para permitir uma abordagem mais rápida de determinado assunto ou problema. A pesquisa administrativa ou institucional aplica-se especificamente ao estudo da organização como um todo, sendo entendida como "a compilação de dados resultantes de atos administrativos ou de opiniões de diretores e funcionários, bem como a sua interpretação e apresentação inteligente, de modo a permitir o levantamento da área ou áreas dentro da empresa, que se encontrem em dificuldades. É através desse tipo de pesquisa que se pode fazer a investigação e a crítica a respeito das normas e processos da organização, para explicar a atitude e opinião dos públicos no que diga respeito ao pessoal, instalação, equipamento, horário, localização e métodos de trabalho."[5] Já a pesquisa de opinião pública é utilizada para o levantamento das atitudes e opiniões dos públicos com respeito a determinados assuntos, fatos ou organizações.

Notadamente a pesquisa de opinião oferece ao investigador um amplo conjunto de métodos e técnicas para o levantamento das opiniões e atitudes do público. Monique Augras agrupa os tipos e técnicas da pesquisa de opinião em dois métodos principais, que podem ser examinados para um visão mais global na Tabela 2.

São eles: o Método da Observação Direta e o Método da Observação Indireta.[6]

1. *Método da observação direta* — lida com pessoas e pode ser de natureza *intensiva* e *extensiva*. A observação direta intensiva não

se preocupa com uma imagem da opinião geral da população, mas sim "procura investigar, da maneira mais profunda possível, as atitudes e opiniões das pessoas, no sentido de alcançar as motivações e o dinamismo interno dessas atitudes e opiniões."[7] Utiliza técnicas de entrevistas — painel, entrevistas convergentes e os testes de avaliação de atitudes, além de medidas de opiniões e atitudes — as escalas de Bogardus, de Thurstone, de Likert e de Guttman.[8] A observação direta extensiva, por sua vez, consiste na realização de pesquisas junto a grandes parcelas da população ou envolvendo toda a população. Como não é possível, por razões de tempo e custo, entrevistar a todos os seus componentes, são empregadas técnicas de amostragem. Uma pequena parte será tomada pelo conjunto total da população a ser inquirida, sendo obtida através de técnicas estatísticas que garantam a representatividade da amostra. Os principais tipos de amostra aleatória são: simples, por área, por conglomerados, estratificada e amostra-padrão.[9]

Tabela 2
CLASSIFICAÇÃO DOS MÉTODOS E TÉCNICAS DA PESQUISA DE OPINIÃO

Métodos	Tipos	Técnicas
MÉTODO DA OBSERVAÇÃO DIRETA	(A) Observação Direta Intensiva	*A entrevista* — painel, entrevistas convergentes (*focused interviews*) e teste de avaliação de atitudes.
		A medida de opiniões e atitudes — escala de Bogardus, escala de Thurstone, escala de Likert e escala de Guttman.
	(B) Observação Direta Extensiva	*Inquéritos e pesquisas de campo* — com amostra aleatória simples, por área, por conglomerados, estratificada e amostra-padrão.
MÉTODO DA OBSERVAÇÃO INDIRETA		*Semântica quantitativa*
		Análise de conteúdo

FONTE: Adaptado de AUGRAS, Monique. *Opinião pública: teoria e pesquisa*. Petrópolis, Vozes, 1970.

2. *Método da observação indireta* — enquanto a observação direta trata com pessoas, a observação indireta aplica-se a documentos em geral, como jornais, arquivos, revistas, filmes, discos, cartazes etc. Suas principais técnicas são a semântica quantitativa e a análise de conteúdo. A primeira, de acordo com Augras, tem como objetivo "levantar as freqüências relativas de aparecimento das palavras dentro de um texto, os modos de articulação das diversas partes da oração etc., a fim de identificar as características de estilo do autor."[10] A análise de conteúdo, como o nome indica, vai examinar as idéias contidas em discuros extremamente diversificados, com o objetivo de "evidenciar os indicadores que permitem inferir sobre uma outra realidade que não a da mensagem."[11]

A pesquisa informal — Cutlip e Center relacionam outros meios informais de coleta de dados que podem ser usados, embora com prejuízo da objetividade e da exatidão. Conhecidos como *pesquisa informal*, podem se dar pelo contato com pessoas de diversas classes e condições, o que permite aprender coisas novas e descobrir tendências em uma comunidade. Os comitês de assessoramento, muito utilizados por instituições filantrópicas, são valiosos para se conhecer as reações em relação a iniciativas da empresa. Outra maneira bastante econômica de sondagem da opinião é o exame da correspondência de um organização, por meio da qual se revelam os setores favoráveis e contrários, como também aqueles carentes de informação. Uma precaução na análise de cartas é ter presente que os que escrevem mostram uma tendência natural para a crítica. Também os vendedores e representantes comerciais podem constituir-se em fontes de informação sobre as opiniões e reivindicações dos clientes, transmitidas regularmente para a empresa na forma de relatórios. Um cuidado a tomar com estes relatos é que eles tendem a ser extremamente otimistas. Os meios de comunicação publicam ou transmitem regularmente matérias sobre a empresa e seus concorrentes, externando opiniões que podem ser úteis como indicadores para possíveis medidas saneadoras ou corretivas.[12]

Como conseqüência, o instrumento da pesquisa aplicado ao estudo da organização e ao levantamento de opiniões e atividades dos seus públicos constituirá um rol de informações que permitirá revelar as áreas em dificuldade. Também ao levantar problemas junto a públicos específicos, o diagnóstico estará apontando públicos prioritários, para os quais as Relações Públicas deverão dirigir-se com primazia.

Mas essa não é uma tarefa fácil, na realidade, pois vai exigir um grande cuidado no tratamento das informações, que nada significam se não forem submetidas a análises e interpretações corretas.

O PLANEJAMENTO: ANTECIPANDO AS SOLUÇÕES

A Inglaterra fez predominar durante muito tempo o princípio de se enfrentar os problemas quando se chegasse a eles. A conhecida frase: "We will cross that bridge when we will come to it" ("Atravessaremos a ponte, quando chegarmos a ela") expressa muito bem o descaso britânico pela atividade planejada.[13]

A mentalidade do planejamento só começa a se implantar com o sucesso obtido pelos norte-americanos nos negócios, que primavam pelo uso de técnicas de planejamento em todos os níveis.

Sem dúvida, a prática do planejamento nas empresas traz consideráveis vantagens em vários aspectos. Permite, por exemplo, que os esforços derivados de iniciativas isoladas sejam coordenados. Acarreta uma maximização dos recursos naturalmente escassos e uma minimização dos custos pela previsão mais apurada dos gastos. O planejamento, sendo uma forma de controle, tem condições de detectar os possíveis desvios dos cursos de ação e acionar a tempo os mecanismos de correção. O planejamento ainda evita o casuísmo nas ações da organização, que devem estar sempre voltadas para a consecução dos objetivos preestabelecidos, com o máximo de eficiência.

Para Penteado, planejar tem o significado de projetar e, nesse sentido, "exerce a função de uma bússola capaz de dirigir os nossos passos através de mundos senão de todo desconhecidos, pelo menos extremamente complexos, e, de certa maneira, ainda obscuros."[14]

Planejamento é, segundo Oliveira, "um processo (...) desenvolvido para o alcance de uma situação desejada de um modo mais eficiente e efetivo, com a melhor concentração de esforços e recursos pela empresa."[15]

Bordenave e Carvalho entendem o planejamento "como o processo sistematizado através do qual pode-se dar maior eficiência a uma atividade para num prazo maior ou menor alcançar o conjunto das metas estabelecidas."[16]

O planejamento é uma importante função administrativa que, a exemplo do que ocorre em outros campos, não pode estar ausente das preocupações de Relações Públicas. O Acordo do México já reconheceu a necessidade da ação planejada no exercício da profissão de Relações Públicas, sem dúvida como requisito para dar uma maior eficiência à atividade e aumentar a cientificidade do processo de tomada de decisões.

O planejamento em Relações Públicas — De uma maneira geral, o planejamento em Relações Públicas não apresenta diferenças substanciais em relação a qualquer outro planejamento aplicado a atividade diversa. Depois de diagnosticados os problemas ou situações vivenciadas pela organização, a empresa deve desenvolver uma série de passos para realizar o planejamento na forma de planos, projetos e programas. Esta realização do planejamento — é importante que se ressalte — estará subordinada às políticas geral e de comunicação da empresa.

> "Política de uma empresa é, basicamente, uma declaração expressa ou implícita daqueles princípios e normas organizadas pela Direção, como guias e sentinelas que vigiam o curso dos pensamentos e das ações dessa mesma empresa."[17]

A política de comunicação, por sua vez, não pode ser dissonante da política geral da organização. Podemos conceituá-la, conforme Rabaça e Barbosa, como "o conjunto de normas em que se fundamenta a atividade de comunicação institucional numa empresa."[18]

Guardando como pressupostos permanentes as normas e princípios das política geral e de comunicação da organização, o planejamento irá exigir, como primeiro passo, a definição clara dos objetivos e metas.

As duas palavras têm significados diferentes. Os objetivos dizem respeito aos resultados ou situações que se pretende alcançar. Oliveira enfatizou a necessidade de os objetivos serem *hierárquicos*, com sua colocação em uma escala que mostre os mais importantes e os secundários; *quantitativos*, expressos em números sempre que possível; *realistas*, estando de acordo com os recursos e possibilidades da empresa; *claros, entendidos* e *escritos*, pois assim será possível o conhecimento dos mesmos e facilitado o seu controle; *motivacionais*, criando um clima favorável para a consecução das ações necessárias, e *operacionais*, mostrando os aspectos básicos que devem ser realizados para o seu alcance.[19]

As metas também são resultados a alcançar, mas perfeitamente quantificáveis e com um período determinado para a sua realização. Para o estabelecimento das metas, Oliveira pressupõe as mesmas necessidades relacionadas anteriormente com respeito aos objetivos.[20]

O segundo passo consiste na adoção de estratégias e dos programas de ação necessários, ou seja, os meios para melhor atingir os objetivos e metas traçados. A palavra estratégia é de uso comum no meio militar, sendo definida como "a arte militar de planejar e executar movimentos e operações de tropas, navios e/ou aviões, visando alcançar ou manter posições relativas e potenciais bélicos favoráveis a futuras ações táticas sobre determinados objetivos."[21] Estabelecendo um paralelo com esta definição, Albuquerque deduz que as "estratégias são, portanto, todas as providências que precisam ser adotadas a fim de que os objetivos sejam alcançados; a arte de escolher onde, quando e com que desfechar um plano de trabalho ou uma campanha planejada; ou ainda, a arte de explorar as condições favoráveis a fim de alcançar os objetivos estabelecidos."[22]

A estratégia irá, então, delinear os programas de ação, nos quais se define o que fazer. Tais programas, de acordo com Kunsch, "variam muito, dependendo de todo o processo de planejamento para determiná-los. Uma organização pode (...) chegar à conclusão de que para resolver, por exemplo, o problema do prejuízo a ela causado pela falta de uma identidade visual, deve propor diversos tipos de programas de ação."[23]

O passo seguinte, estando definido um programa de ação, é a escolha dos instrumentos de comunicação, sejam eles meios de comunicação pessoal, interpessoal ou de massa.

Principalmente para esses últimos, Teobaldo indica cinco fatores que devem ser observados na sua seleção: 1) a natureza da audiência, isto é, as características do público a ser atingido; 2) o tipo de organização: governamental, comercial ou industrial; 3) a comunidade onde se localiza a organização, que, dependendo da sua extensão, pode demandar diferentes meios de comunicação; 4) a aceitação de certos veículos de comunicação, pois alguns podem sofrer a rejeição de determinados segmentos; 5) a penetração dos veículos, considerando, por exemplo, que as tiragens dos jornais e a audiência de televisão apresentam diferenças quantitativas consideráveis.[24]

Um último passo seria o planejamento dos recursos necessários para a execução dos planos. Estão envolvidos recursos de ordem humana, material e financeira, pedindo a alocação de pessoal capacitado para a perfeita execução dos programas; as possíveis exigências de bens imóveis e de materiais permanentes e de consumo; e a dotação de verbas específicas.

O ORÇAMENTO: UMA PREVISÃO DOS CUSTOS

A definição do orçamento é uma fase muito importante do processo, pela atenção que merecem os custos por parte da empresa. Kunsch exemplifica com o fato de que "qualquer dirigente, antes mesmo de avaliar um projeto, procura saber primeiro quanto custa."[25] Outra razão é que, pela necessidade de redução de custos, ocorrem cortes no planejamento ou a opção por alternativas economicamente mais acessíveis.

Conceituado como "uma previsão detalhada, de maneira a possibilitar a aplicação de receitas disponíveis de forma adequada e racional'', o orçamento sistematiza as operações financeiras da empresa por um tempo determinado e "aloca a verba necessária para toda a sua programação anual, que costuma passar por revisões e adaptações semestrais, trimestrais ou mesmo mensais.''[26] Neste caso, a dotação orçamentária é feita através de um orçamento previamente determinado, sendo a verba distribuída pelas tarefas a serem empreendidas durante o ano. Poderá ainda ocorrer que a empresa não destine uma dotação anual fixa e libere verbas à medida que propostas específicas sejam apresentadas e mereçam aprovação.

As estimativas dos recursos humanos e materiais devem também considerar os custos de serviços e pessoal externos à empresa. Os serviços geralmente procurados fora da empresa são os de impressão, fotografias, produções de vídeo e som, entre outros. É recomendável a solicitação de, no mínimo, três estimativas de custos e levar em conta, para a seleção, os prazos, preços e qualidade oferecidos pelas firmas consultadas.

A EXECUÇÃO: CONCRETIZAÇÃO DAS AÇÕES

Para efeito de sua aprovação e posterior implantação, o planejamento deve ser redigido na forma de projetos, programas e planos de ação.

A elaboração desses documentos gera uma certa confusão, porque os projetos, planos e programas guardam certas especificidades que muitas vezes não são atendidas ou entendidas. Vejamos como Kunsch estabelece alguns parâmetros entre esses intrumentos do planejamento na sua aplicação às Relações Públicas.

"O plano tem uma forma algo mais simples do que um projeto, encontrando-se nele, basicamente, os pressupostos necessários para a tomada de decisões (...). Detalhes técnicos de operacionalização ficam mais por conta do programa (...). Cite-se o exemplo de uma empresa que, dentro de um projeto global do Departamento de Relações Públicas, resolveu criar um jornal interno, dirigido aos funcionários de todo o grupo. Inicialmente, foi feito um plano para facilitar a tomada de decisões pertinentes e, em seguida, partiu-se para a operacionalização desse plano: como, quando, quem, onde e por que fazer, quais os recursos, objetivos e metas, cronogramas de implantação; isto seria o programa, que não é senão a adoção de uma logística. (...) Os projetos, em relação aos planos e aos programas, são muito mais amplos, abrangentes e complexos.''[27]

Na fase de execução propriamente dita, tudo o que foi planejado — sejam planos, programas ou projetos — começa a ser aplicado. As medidas previstas no planejamento vão concretizando-se e um coordenador "dará cumprimento às providências e programas controlando-os dentro de um dinâmica normativa e por meio de cronogramas de atuação preestabelecidos."[28] Face aos possíveis imprevistos que surjam, serão acionados planos alternativos que permitam viabilizar outras idéias e ações.

O CONTROLE: A CORREÇÃO DOS RUMOS

O controle é uma função gerencial que se realiza simultaneamente com a execução dos planos de Relações Públicas, permitindo detectar falhas ou desvios em qualquer fase do processo e providenciar a devida correção. Penteado afirma que o grande condicionante das Relações Públicas "é sempre o público ao qual as Relações Públicas se destinam. As constantes variações na opinião pública, a extrema complexidade dos fatores de influências nas pressões exercidas sobre essa mesma opinião pública tornam dura e exigente essa tarefa de acompanhar e adaptar as Relações Públicas."[29]

Aproveitando a referência que o autor faz à tarefa de acompanhar e adaptar as Relações Públicas, torna-se oportuno salientar que controlar é diferente de acompanhar. De acordo com Faria, o acompanhamento "é a simples verificação do desempenho dos órgãos e dos recursos humanos envolvidos através de relatórios que informam o que foi realizado em relação aos programas e aos respectivos cronogramas. O controle é mais profundo e procura saber as causas dos resultados para obter a informação que possibilita uma ação corretiva."[30]

Como instrumentos principais do controle estão disponíveis a agenda, o arquivo, o fluxograma e o cronograma, esse último em seus diversos modelos.

A AVALIAÇÃO: COMPARANDO OS RESULTADOS

A avaliação no processo de Relações Públicas é feita pela comparação dos resultados conseguidos com os objetivos determinados pelo planejamento. O propósito principal da avaliação é levantar dados que são relevantes em função de futuras ações da empresa. Conforme foi apontado por Kunsch, "nem sempre a avaliação merece por parte dos profissionais de Relações Públicas a devida importância."[31] Talvez porque os resultados em Relações Públicas se manifestem predominantemente a longo prazo e, assim, tornam o processo de avaliação uma tarefa complexa.

"Um outro problema que surge nessa fase do processo de Relações Públicas refere-se ao aspecto subjetivo dessa avaliação, uma vez que são os próprios promotores das campanhas e das programações que devem verificar os seus resultados." Teobaldo, depois desta constatação, recomenda: "É necessário que a análise e a interpretação dos resultados sejam feitas, com absoluta honestidade, para que possam servir de orientação para futuros programas."[32]

Apesar das dificuldades e da complexidade da avaliação em Relações Públicas, alguns indicadores muito simples permitem se ter uma base da efetividade das ações desenvolvidas. O aproveitamento das matérias pela imprensa é um deles, possibilitando uma avaliação tanto qualitativa como quantitativa. A avaliação quantitativa é feita pelo levantamento do volume de matéria publicada, enquanto a avaliação qualitativa examina o prestígio do veículo no qual a matéria foi inserida, a localização da mesma dentro do jornal, o tamanho dos títulos e das fotos, entre outros aspectos.

Mais sistemática, a pesquisa de opinião possibilita conhecer as reações dos públicos e saber da eficácia das ações desenvolvidas pela empresa. Também as reuniões de avaliação são muito comuns, com a participação das pessoas envolvidas nos programas, que fazem um balanço crítico de todo o processo. Outras indicações são dadas pelo número de pessoas presentes em um evento ou de participantes em um concurso; pelos registros no livro de visitantes; e até pela correspondência recebida, quando se tratar de uma iniciativa da empresa que tenha profundas repercussões na comunidade.

NOTAS BIBLIOGRÁFICAS

1. LORENZETTI, Valentin. Relações Públicas numa sociedade que se democratiza. *Revista de Comunicação*, Rio de Janeiro, n? 5, jan./fev./mar. 1986, p. 23.
2. ANDRADE, Cândido Teobaldo de Souza. *Psico-sociologia das relações públicas*, p. 41.
3. *Idem, ibid.*, p. 79.
4. *Idem, Curso de relações públicas*, p. 41.
5. *Idem, ibid.*, p. 42.
6. AUGRAS, Monique. *Opinião pública: teoria e pesquisa*, p. 99-165.
7. *Idem, ibid.*, p. 115.
8. O painel vem do inglês *panel*, cujo significado é lista de jurados. Corresponde a um grupo de pessoas a que são feitas as mesmas perguntas em intervalos regulares de tempo, para se determinar a evolução das atitudes e opiniões. Nas entrevistas convergentes — uma tradução para o inglês *focused interviews* —, diante de um estímulo único (pode ser um filme), os espectadores são emulados a manifestarem suas opiniões em relação ao mesmo. Os testes de avaliação de atitudes utilizam as chamadas técnicas

projetivas, fazendo uso de testes que apresentam, por exemplo, desenhos de personagens em determinadas situações. O entrevistado deve descrever o que está acontecendo e forçosamente confere aos personagens certos atributos e atitudes que projetam suas próprias atitudes e motivações. A medida de opiniões e atitudes é obtida mediante a apresentação ao entrevistado de uma escala graduada ou de um conjunto de frases ordenadas segundo uma certa hierarquia, para que ele se localize ou escolha a que melhor corresponda à sua opinião. As escalas são construídas de forma a representar diferentes graus de intensidade. Assim, conforme a escolha de um dos elementos, pode-se determinar o nível de intensidade da opinião.

9. A *amostra aleatória simples* é extraída ao acaso, devendo ser conhecidos e identificados anteriormente todos os elementos que compõem o universo. Através de sorteios são retirados os elementos, até que se chegue a uma amostra do tamanho desejado. A *amostra aleatória por área* utiliza-se de mapas, onde a cidade ou região é dividida em áreas menores, de tamanhos equivalentes. Essas áreas são numeradas e sorteadas na quantidade necessária para se constituir uma amostra. A *amostra aleatória por conglomerado* refere-se a grupos existentes na população como, no exemplo de Augras, os estudantes universitários. Para uma pesquisa com este grupo, procede-se a um levantamento das instituições de ensino superior instaladas em todo o Brasil e sorteia-se um determinado número de Faculdades. Naquelas que forem escolhidas serão entrevistados todos os estudantes. Na *amostra estratificada*, toda a população pode ser organizada em "estratos", que são categorias homogêneas. Em relação ao sexo, todos os homens constituiriam um estrato, da mesma forma que as mulheres outro. Conhecendo-se as características de uma população geral (a sua distribuição com respeito a sexo, idade, classe social etc.), é possível determinar uma amostra de composição proporcional em relação às categorias que se quer estudar. A *amostra-padrão*, finalmente, implica a construção de uma amostra utilizando as técnicas já examinadas e que pode servir de padrão para qualquer tipo de pesquisa.

10. AUGRAS, Monique, *op. cit*, p. 105.
11. BARDIN, Laurence. *Análise de conteúdo*, p. 46.
12. CUTLIP, Scott M. & CENTER, Allen H. *Relaciones públicas*, p. 153-5.
13. PENTEADO, José Roberto Whitaker. *Relações públicas nas empresas modernas*, p. 119.
14. *Idem, ibid.*, p. 120.
15. OLIVEIRA, Djalma de Pinho Rebouças de. *Planejamento estratégico*, p. 20.
16. BORDENAVE, Juan Diaz & CARVALHO, Horácio Martins de. *Comunicação e planejamento*, p. 88.
17. *Apud* PENTEADO, José Roberto Whitaker, *op. cit.*, p. 120.
18. RABAÇA, Carlos Alberto & BARBOSA, Gustavo. *Dicionário de comunicação*, p. 366.
19. OLIVEIRA, Djalma de Pinho Rebouças de, *op. cit.*, p. 124.
20. *Idem, ibid.*, p. 124. O autor reconhece a diferença de significado entre *objetivos* e *metas*, adotando uma terminologia ainda mais distinta para se referir aos mesmos. Assim, o *objetivo* é o alvo ou ponto que se pretende atingir; os *desafios* são objetivos já quantificados e com prazos definidos de realização; e as *metas* são as etapas ou passos intermediários para alcançar determinado fim (p. 120-1).
21. ALBUQUERQUE, Adão Eunes. *Planejamento das relações públicas*, p. 18.
22. *Idem, ibid.*, p. 18.
23. KUNSCH, Margarida Maria Krohling. *Planejamento de relações públicas na comunicação integrada*, p. 87-8.
24. ANDRADE, Cândido Teobaldo de Souza. *Para entender relações públicas*, p. 101-2.
25. KUNSCH, Margarida Maria Krohling, *op. cit.*, p. 89.
26. *Idem, ibid.*, p. 61.
27. *Idem, ibid.*, p. 95-102, *passim*. A autora sugere o seguinte roteiro para a preparação de um projeto de Relações Públicas: 1. Pesquisa institucional e levantamento de dados; 2. *Briefing* — resumo e interpretação dos dados gerais da organização (história,

situação econômica, política de pessoal, definição dos públicos, sistema de comunicação); 3. Diagnóstico; 4. Proposta de Relações Públicas; 5. Programas de atividades (com todas as fases inerentes: objetivos, públicos, estratégias, recursos necessários, custos, sistema de implantação etc.); 6. Anteprojeto; 7. Análise e revisão do anteprojeto; 8. Elaboração do projeto final.

28. ALBUQUERQUE, Adão Eunes, *op. cit.*, p. 82.
29. PENTEADO, José Roberto Whitaker, *op. cit.*, p. 170-1.
30. FARIA, Albino Nogueira de. *Introdução à administração*, p. 176.
31. KUNSCH, Margarida Maria Krohling, *op. cit.*, p. 94.
32. ANDRADE, Cândido Teobaldo de Souza, *op. cit.*, p. 103.

Capítulo 4
OS INSTRUMENTOS DE RELAÇÕES PÚBLICAS

Para atingir seus objetivos e propósitos, as Relações Públicas utilizam uma grande variedade de meios e agentes, que são denominados *instrumentos*. Devido à sua multiplicidade, o estudo dos instrumentos de Relações Públicas defronta-se com uma primeira dificuldade, que está na classificação racional desses instrumentos.

Teobaldo, em relação aos veículos de comunicação como instrumentos de Relações Públicas, identificou dois grandes grupos: 1º) os de *comunicação de massa* — jornal, revista, cinema, rádio, televisão e exposições; 2º) os de *comunicação dirigida* — como a conversa, o discurso, a palestra, a correspondência, a mala-direta.[1] Enquanto os veículos de comunicação de massa abrangem um grande número de pessoas, os meios de comunicação voltam-se para determinados tipos ou segmentos de público. Estes veículos dirigidos, por sua vez, subdividem-se em quatro tipos: 1º) de *comunicação escrita* — correspondência, mala-direta, relatórios etc.; 2º) de *comunicação oral* — conversa, discurso, palestra etc.; 3º) os *auxílios visuais* — gráficos, diapositivos, filmes etc.; e 4º) de *aproximação* — visitas, acontecimentos especiais, auditório etc.[2]

No seu enfoque, Penteado acrescenta um novo elemento — a utilização dos veículos dentro ou fora da empresa. Daí, surgem as três grandes divisões:

I — Instrumentos de Relações Públicas dentro das empresas;

II — Instrumentos de Relações Públicas fora das empresas;

III — Instrumentos para a Promoção de Acontecimentos.

Os instrumentos de Relações Públicas dentro das empresas são agrupados nos meios de *comunicação oral* — palestras, seminários, reuniões, conversas informais e telefone; de *comunicação escrita* — como cartas, memorandos, relatórios e caixa de sugestões; e de *comunicação audiovisual* — filmes, projeção de *slides*, circuitos fechados de televisão, circuitos internos de alto-falantes e demonstrações. No segundo conjunto, os instrumentos de Relações Públicas fora das empresas são representados pelos contatos pessoais, publicações, jornais, revistas, rádio, cinema e televisão. Os instrumentos para a promoção de acontecimentos, terceiro conjunto proposto por Penteado, podem ser *internos*, como os dias de visita para as famílias dos empregados, as festas de Natal, os concursos, as cooperativas de consumo, as convenções e comemorações internas e as excursões coletivas; ou *externos*, onde se incluem as visitas públicas, as exposições itinerantes, as comemorações das datas cívicas e a instituição de datas promocionais.[3]

De maneira genérica, Albuquerque dispõe os veículos de comunicação e os eventos em quatro classes: 1º) *Mídia impressa* — jornal, revista, *house organ*, folheto, *outdoor*, prospecto, cartaz, bandeirola etc.; 2º) *Mídia eletrônica* — televisão, rádio e cinema; 3º) *Mídia especial* — painel, quadro de avisos, jornal mural, brindes, luminosos etc.; e 4º) *Acontecimentos especiais* — exposições, feiras, mostras, concursos, inaugurações etc.[4]

OS TIPOS DE INSTRUMENTOS SEGUNDO A SUA NATUREZA

O exame das classificações anteriores permite-nos considerar que os instrumentos são os recursos, os meios e as atividades de comunicação que as Relações Públicas utilizam para alcançar seus objetivos. Assim, os instrumentos de Relações Públicas abrangem todos os *meios de comunicação* — os veículos de comunicação de massa, de comunicação interpessoal e as formas de comunicação humana; os *eventos* especialmente organizados como recurso para a difusão institucional da empresa; e as *atividades de comunicação*, como a editoração, a divulgação e a propaganda institucional.

A partir dos três grupos mencionados — meios de comunicação, eventos e atividades de comunicação — podemos delinear uma classificação geral dos instrumentos de Relações Públicas, que não levará em conta a destinação da mensagem (ao público interno, ao público externo e ao público misto), para evitar que um mesmo instrumento apareça em dois ou mais ítens (vide Tabela 3).

A escolha de um instrumento está condicionada à estratégia estabelecida, ao tipo de público que se pretende atingir e à natureza da mensagem a ser transmitida. Tal seleção tem como premissa básica o perfeito conhecimento das características de cada instrumento de Relações Públicas, para que se possa determinar com mais propriedade os limites e possibilidades dos mesmos. São estas características que vamos examinar em seguida, com respeito aos variados tipos de instrumentos de Relações Públicas.

OS MEIOS DE COMUNICAÇÃO COMO INSTRUMENTOS DE RELAÇÕES PÚBLICAS

A comunicação, vale recordar, desempenha um papel de grande importância na vida em sociedade. Conforme Teobaldo, "a realidade é que, no exercício de qualquer atividade humana, nenhuma criatura poderá deixar de falar, escrever ou adotar alguma forma de comunicação para dar aos seus semelhantes a idéia do que está fazendo ou da sua predisposição para agir."[5]

As Relações Públicas, por intermédio da comunicação, têm o propósito de estabelecer com os públicos da empresa uma comunhão de idéias e opiniões, que resulte em uma verdadeira interação entre organização e públicos.

Os meios disponíveis são os veículos de comunicação, instrumentos que, em função de critérios como a natureza do veículo e a amplitude do seu alcance, podem ser classificados em: 1º) veículos de comunicação de massa; 2º) veículos de comunicação interpessoal; e 3º) a comunicação humana.

Os veículos de comunicação de massa

A comunicação de massa se diferencia da comunicação humana e interpessoal por se dirigir a uma grande audiência, heterogênea e anônima. Os veículos se estruturam em organizações complexas, com profissionais altamente especializados que desempenham, por conseguinte, funções muito bem remuneradas.

As Relações Públicas utilizam como veículos de comunicação massiva, para estabelecer a comunicação da empresa com seus públicos, o jornal, a revista, o rádio, o cinema e a televisão.

O jornal — É um dos mais antigos meios de comunicação de massa, sendo considerado um forte formador de opiniões. O jornal

Tabela 3
CLASSIFICAÇÃO DOS INSTRUMENTOS DE RELAÇÕES PÚBLICAS
(segundo a natureza das atividades)

Natureza do grupo	Tipos	Instrumentos
(I) MEIOS DE COMUNICAÇÃO	1. Instrumentos de comunicação de massa	Jornal - Revista - Rádio - Cinema - Televisão
	2. Instrumentos de comunicação interpessoal	*Comunicação Oral*: Palestras - Seminários - Painéis - Fóruns - Debates - Conferências - Reuniões - Simpósios - Mesas-Redondas - Discursos - Dramatizações - Demonstrações - Telefone
		Comunicação Escrita: Cartas comerciais - Ofícios - Memorandos - Relatórios - Manuais - Quadros de Aviso - *Newsletter* - Jornal mural - Mala-direta - Publicações empresariais (revista, jornal, boletim, folheto) - Envelopes de pagamento - Telegrama - Cartão-postal - Caixas de sugestões - Fac-símile
		Comunicação audiovisual: Filmes - Projeção de *slides* - Sistemas de alto-falantes - *Videotape* - Terminal de computador - Videotexto
	3. Instrumentos de comunicação humana	Conversa pessoal
(II) PROMOÇÃO DE EVENTOS		*Open-day* - Dias de visita para as famílias dos funcionários - *Tours* dirigidos para grupos de empregados - Festas de Natal - Planos de bolsas de estudo - Clubes desportivos de empregados - Concursos - Associações recreativas para os empregados - Inaugurações de benfeitorias - Exposições - Convenções - Cooperação dos empregados em iniciativas de benemerência da comunidade - Colônia de férias - Excursões - Comemorações de datas cívicas - Cooperativas de consumo - Instituição de datas promocionais - Patrocínio de eventos
(III) ATIVIDADES DE COMUNICAÇÃO		Editoração - Divulgação - Propaganda Institucional

apresenta possibilidades bastante amplas de aproveitamento em Relações Públicas, sob a forma de *press-releases*, fotografias, colaborações, cobertura de eventos da empresa e as chamadas entrevistas coletivas. Sobre elas, Teobaldo lembrou que,

> "freqüentemente, os repórteres preferem ouvir os responsáveis pelas organizações, ao invés de esperar os comunicados em suas redações. Servem, assim, essas entrevistas, como magníficas ocasiões para um maior contato entre as empresas e os jornais, não só no aspecto de divulgação de notícias, mas também de boas relações entre homens que influem nas comunidades onde militam."[6]

Uma precaução imprescindível a ser tomada pelo profissional de Relações Públicas — seja no envio de comunicados à imprensa ou na sua convocação para entrevistas — diz respeito ao valor de notícia apresentado pelas informações. Já estão longe os tempos em que o aniversário de empresas constituía matéria de interesse para os jornais. Hoje, é elevado o número de comunicados não aproveitados, por razões como a falta de interesse ou o interesse muito limitado; a ausência de oportunidade das informações, muitas vezes também sem exatidão e concisão; e a tentativa de transformar os comunicados em peça de propaganda para a empresa e seus produtos, relegando o interesse jornalístico para segundo plano.

A revista — Muitas revistas atingiram, no Brasil, um elevado padrão gráfico e editorial, embora tenham preços mais altos. Com periodicidade semanal, quinzenal e mensal, as revistas circulam em todo o país e cobrem uma variada gama de interesses: de informação geral, femininas, masculinas, infantis, de esportes, de humor, de lazer e científicas. Com relação aos jornais, elas apresentam um vida útil mais longa e têm um maior número de leitores por exemplar.

O rádio — De todos os veículos de comunicação é o mais popular, sendo muitas vezes o único a levar as informações para populações que, por motivos diversos, não têm acesso a outros meios.

Essa condição de popularidade do rádio pode ser atribuída às suas próprias características como veículo. Uma delas é a mobilidade, tanto do emissor quanto do receptor: o rádio pode transmitir do local dos acontecimentos e o ouvinte, por sua vez, recebe a mensagem onde quer que esteja (a invenção do transistor permitiu ao aparelho utilizar pilhas ou pequenas baterias). Tem um baixo custo de produção de programas, estando também o aparelho receptor ao alcance de grande parcela da população pelo seu preço acessível. Caracteriza-se ainda pelo imediatismo (os fatos podem ser divulgados no momento em que estão ocorrendo) e pela instantaneidade, já que a mensagem é recebida no instante em que é emitida.

Ao observar a significativa audiência dos programas noticiosos e de debates, Teobaldo conferiu ao rádio uma importância considerável como veículo de Relações Públicas.

"A realidade é que, hoje, o rádio é o veículo por excelência da conversação, do debate, da palestra e da informação, pois é inegável que a palavra irradiada, aliada a efeitos sonoros, é mais convincente, mais pessoal e sempre mais oportuna do que a linguagem escrita, ainda que esteja traduzida em berrantes manchetes nos jornais."[7]

O cinema — Em razão da concorrência da televisão, o cinema experimentou um forte declínio nos últimos anos, um pouco atenuado com a alternativa encontrada pela indústria cinematográfica de produzir filmes para televisão, o que reduziu a sua ociosidade.

Entretanto, o cinema dispõe de um gênero extremamente adequado como instrumento de Relações Públicas: o documentário. Adotando os cuidados necessários quanto ao seu conteúdo e interesse público, a empresa pode ter nos documentários um excelente meio de divulgação para um público altamente qualificado.

O cinema oferece ainda a opção da veiculação de mensagens institucionais, cujos anúncios estão regulamentados no tempo máximo de três minutos por sessão.

A televisão — Inaugurada no Brasil em 1950, a televisão firmou-se rapidamente como o meio de comunicação mais poderoso e concentrador. Penteado chegou a afirmar que "é, sem dúvida, o veículo do futuro e a sua expansão no mundo tem levado à deterioração da chamada 'Civilização do Livro', que vai sendo substituída gradativamente pela nova 'Civilização das Imagens'."[8]

A televisão oferece excelentes possibilidades no campo das Relações Públicas, principalmente pelo impacto de suas mensagens, que reúnem imagem, cor, som e movimento.

Os veículos de comunicação interpessoal

Os veículos de comunicação interpessoal são, por sua natureza, dirigidos. Isto é, levam a mensagem para um número limitado e conhecido de pessoas. Em razão desta característica, a comunicação interpessoal ou dirigida pode ter seu efeito conhecido num espaço de tempo menor, pois existe uma comunicação de retorno, ou até instantaneamente, quando se tratar, por exemplo, de uma conferência, onde se estabeleça uma interação entre o comunicador e a assistência.

A grande vantagem da comunicação interpessoal, ao se referir a grupos conhecidos, é a possibilidade de melhor se ajustar a comunicação ao repertório e aos interesses do público.

Os veículos de comunicação interpessoal podem ser classificados em três grupos, conforme os meios que forem utilizados: de comunicação oral, de comunicação escrita e de comunicação audiovisual.

Os instrumentos de comunicação oral — A fala é o mais antigo meio de comunicação entre as pessoas e ainda é um poderoso instrumento de Relações Públicas, apesar da competição com a imprensa escrita e, mais recentemente, com a televisão. Black afirma, com respeito a essa assertiva, que podem ser lembrados os inspirados discursos de Winston Churchill e os ataques violentos de Hitler para se perceber claramente as possibilidades para o bem ou para o mal que existem nas palavras de um bom orador.[9]

Embora a comunicação oral não seja a forma mais econômica ou mais rápida de transmitir informação, não há nenhuma outra forma de expressão que seja parecida na sua capacidade de influenciar o comportamento. Isso porque a comunicação oral tem um forte apelo pessoal, que vem da própria personalidade do orador. A sua aparência, a tonalidade da voz, as expressões fisionômicas e gestuais levam à atenção e despertam o interesse do ouvinte.

A comunicação oral no contexto de pequenos grupos pode processar-se através de conferências, fóruns, mesas-redondas, simpósios, debates, painéis, demonstrações, discursos, dramatizações e telefone.

Reuniões — Teobaldo menciona dois tipos principais de reuniões. A reunião informativa, o primeiro deles, tem por finalidade informar um grande número de pessoas e é extremamente eficiente para transmitir informações, anunciar novas medidas e dar instruções com o máximo de rapidez. O segundo tipo, a reunião de discussão, tem por objetivo assegurar, de forma coletiva, a solução de problemas comuns ou o estabelecimento de diretrizes.[10]

As reuniões de discussão podem apresentar-se na forma de conferência, seminário, debate, simpósio, mesa-redonda, painel e fórum.

O seminário se caracteriza por permitir a cada indivíduo relatar o tema que lhe foi atribuído, enquanto no fórum é totalmente livre o debate de idéias e opiniões, em um clima informal.

A chamada mesa-redonda compõe-se comumente de dois grupos, cada um defendendo pontos de vista diferentes ou até opostos, com a presença de um moderador, sem o propósito de criar polêmicas. Se for permitido que a assistência formule questões e participe dos debates, temos uma mesa-redonda aberta.

No simpósio há a presença de especialistas que apresentam, em comunicações distintas, os vários aspectos de um tema controvertido, procurando não propriamente o debate, mas o intercâmbio de idéias e informações. A participação do auditório ocorre no final da sessão, por meio de perguntas aos expositores.

O painel é apropriado quando existem diferentes pontos de vista a serem comunicados a um grupo. Cada participante expõe, dentro de um tempo previamente determinado, suas idéias e opiniões. A seguir, ocorre uma troca de idéias entre os painelistas, sem a participação de pessoas da assistência.

A conferência consiste na exposição feita por um convidado sobre o tema que vai tratar, com a duração de 45 a 50 minutos. Após um pequeno intervalo, são formuladas — por escrito ou oralmente — perguntas ao conferencista.

O debate, que Teobaldo considera de pouca utilidade em Relações Públicas, apresenta uma discussão entre dois oradores com diferentes pontos de vista. A única participação do público está em aplaudir ou protestar frente às idéias defendidas e aos argumentos expostos pelos oponentes.[11]

Discursos — O discurso exige daqueles que o proferem qualidades como fluência verbal, desenvoltura e o conhecimento do assunto sobre o qual vão falar, o que na verdade é um pressuposto básico.

No caso de o orador dispor de limitada experiência e habilidades oratórias, são inúmeros os cursos de Oratória que podem propiciar ao interessado um treinamento adequado e garantir, assim, que se cause uma boa impressão ao público.

Demonstrações — A demonstração reúne a palavra com o ato de mostrar como se faz determinada coisa. Com muita propriedade, Canfield afirmou que "a demonstração constitui um dos melhores métodos de transmitir informações, pois aquilo que se vê é lembrado mais tempo e com maior clareza do que aquilo que é simplesmente descrito por meio de palavras."[12] O desenrolar da ação contribui também para fixar a atenção e manter o interesse continuado do público.

Dramatizações — As dramatizações consistem em pequenas encenações para ilustrar situações. Por exemplo, a dramatização das práticas de segurança a serem observadas dentro de uma fábrica pode ter um impacto muito maior junto aos empregados do que uma simples exposição de técnicas sobre o assunto.

As campanhas educativas de trânsito utilizam as dramatizações junto ao público infantil, fazendo as crianças viverem e aprenderem a proceder corretamente frente a certas situações de perigo no trânsito.

Telefone — O telefone tornou-se hoje um veículo tão indispensável de comunicação, que sua importância passa muitas vezes despercebida. O profissional de Relações Públicas deve dedicar uma atenção especial às maneiras de uso do telefone dentro da empresa. Por meio do aparelho, e de como ele é usado, o público externo vai com certeza formar uma idéia da empresa e de sua organização.

Teobaldo alerta que "é preciso criar uma mentalidade em torno do atendimento telefônico, no sentido de que qualquer telefonema não seja considerado como uma interrupção, mas sim uma oportunidade para uma comunicação em termos de serviço ou de manifestação da cordialidade."[13] Cordialidade que se reveste de uma grande importância, já que toda empresa, em princípio, é uma organização impessoal.

Os instrumentos de comunicação escrita — Podemos avaliar a importância dos instrumentos de comunicação escrita para a empresa, tanto no seu âmbito interno, onde a correspondência constitui documentação legítima de toda a empresa, como no externo, onde os instrumentos de comunicação escrita ajudam a estabelecer o prestígio e divulgar uma imagem positiva da organização.

O profissional de Relações Públicas, ao trabalhar qualquer tipo de comunicação escrita, deve ter em mente as regras estabelecidas por Wayne Thompson para conseguir uma comunicação eficiente e suficientemente clara:

> "1) Não use vocabulário inusitado ou pretensioso; 2) Não construa sentenças excessivamente longas nem excessivamente curtas; 3) Evite repetições inúteis; 4) Evite rodeios e circunlóquios; 5) Leia muito; 6) Habitue-se a tomar notas; 7) Escreva com simplicidade e clareza; 8) Não escreva sobre assunto que não conheça muito bem; 9) Evite frases feitas e chavões; 10) Seja um crítico severo de tudo quanto escrever."[14]

A comunicação escrita se faz representar pelas formas de correspondência em geral, publicações empresariais, relatórios, quadro de avisos, jornal mural, mala-direta, envelope de pagamento e caixas de sugestões.

A correspondência — Entre as formas de correspondência comumente utilizadas pela empresa estão as cartas comerciais, os ofícios, os memorandos, telegramas e cartão-postal.

Qualquer correspondência deve merecer cuidados especiais, pois existem técnicas específicas para seu preparo, redação e distribuição. Como veículo de comunicação dirigida, toda correspondência equivale a uma conversa face-a-face, estabelecendo uma linha de comunicação direta com públicos determinados.

Quanto ao telegrama, é oportuno destacar o seu caráter de veículo emocional, conforme foi apontado por Penteado. "Um telegrama feito fora de época pode constituir uma preocupação para quem recebe e, por mais elaborada que seja a mensagem de Relações Públicas, ela estará sempre arriscada a ser superada pelo choque emocional de quem o recebe, sempre negativo, quando não ocorrem fatores circustanciais favoráveis à sua recepção.''[15]

As publicações empresariais — As grandes empresas empregam as publicações empresariais — principalmente revistas e jornais — como importantes veículos para divulgar suas conquistas e, não poderia deixar de ser, até vender seus produtos e serviços. Multinacionais como a Souza Cruz e a Dow Chemical chegam a editar cinco publicações, dirigidas a diferentes públicos de seu interesse. De acordo com estimativa da ABERJ — Associação Brasileira de Comunicação Empresarial, entidade que congrega 280 associados, representando 502 publicações de empresa, alcançam a marca dos 4 mil títulos somente os jornais e revistas periódicos editados no Brasil e dirigidos aos públicos interno, externo e misto. As publicações empresariais se destacam por sua versatilidade, estando disponíveis em seis versões: revista, jornal, *newsletter*, boletim, folheto e manual.

A revista atinge o leitor com uma periodicidade regular, abordando mais freqüentemente as políticas e diretrizes da empresa, os processos de trabalho, as notícias a respeito do pessoal da empresa e as campanhas de segurança e de interesse geral. Todavia, deve-se ter a precaução de não sobrecarregar a revista com material promocional da empresa.

O jornal é outro dos instrumentos de comunicação escrita denominado de *house-organ*, ao lado das revistas de empresas. Indubitavelmente, o jornal de empresa tem como principal vantagem os custos menores para sua produção. Ele é uma boa solução para as empresas que não queiram desagradar o público interno com uma publicação sofisticada. O funcionário pode chocar-se com o luxo e, finalmente, julgar ser mais adequado empregar o dinheiro em favor dos problemas próximos do trabalhador, como salários e benefícios mais satisfatórios.[16]

Os *newsletters* ou cartas informativas[17], destinados a um ou vários públicos da empresa, são indispensáveis quando a informação tem um caráter de urgência. Cobrem um número reduzido de assuntos ou até mesmo um único assunto que deva chegar ao conhecimento dos interessados em curto espaço de tempo.

O boletim, embora tendo uma periodicidade definida, difere do jornal e da revista por seu formato menor e um estilo redacional não necessariamente jornalístico. De concepção mais simples, os boletins podem ter uma ou mais páginas e serem impressos por sistemas como duplicadores a álcool e mimeógrafos a tinta.

O folheto é um tipo de publicação empresarial não periódica, com um mínimo de cinco e um máximo de 48 páginas, excluídas as capas. Presta-se para o fornecimento de informações complementares. O folheto distribuído depois de uma visita às instalações da empresa poderá contar, de maneira resumida e agradável, a história da companhia.

O manual tem, em geral, um formato pequeno, para poder ser manuseado com facilidade. Seu objetivo é oferecer informações de forma prática e concisa, pelo que é também chamado de guia. Um dos mais comuns é o Manual do Empregado, que contém dados de interesse do funcionário com respeito aos processos operacionais e administrativos da organização, aos benefícios sociais oferecidos pela empresa e às medidas de segurança e prevenção de acidentes, entre outros.

Os relatórios — Para Penteado é um dos poucos instrumentos específicos de Relações Públicas, "pois a sua finalidade é precipuamente a de informar certos públicos de interesse da empresa e, através da informação, fazer Relações Públicas."[18] Os públicos mais visados pelos relatórios são os acionistas e os investidores, já que sumarizam o desempenho e as atividades de uma empresa, principalmente aquelas de natureza econômico-financeira. Por isso mesmo, a linguagem deve estar perfeitamente adequada à compreensão do leigo. São poucas as pessoas que têm um entendimento correto do que significam, por exemplo, os valores referentes à depreciação de equipamentos apresentados em um balancete da empresa.

Quadro de avisos — É um instrumento de comunicação escrita extremamente flexível, por meio do qual se transmite ao público interno todo e qualquer tipo de informação, prestando-se também ao uso para finalidades de Relações Públicas.

Sua colocação se faz sempre em lugares estratégicos, escolhidos em função da quantidade de pessoas que lá circulem. Para que o quadro desperte constante interesse, os avisos devem ser renovados a cada período de três ou quatro dias, com as novas informações sendo dispostas de maneira diferente. Alguns artifícios foram observados por Penteado, para chamar a atenção com maior eficácia: a colocação no quadro dos resultados da Loteria Esportiva, das fotografias dos piqueniques e excursões promovidas pela empresa e até um concurso permanente de caricaturas.[19]

Quaisquer que sejam as mensagens no quadro de avisos, é imprescindível que evitem a prolixidade e os textos longos, pois o veículo se presta às informações rápidas e curtas.

Jornal mural — Não deve ser confundido com o quadro de avisos, já que o jornal mural merece uma programação editorial própria e faz parte do planejamento global da comunicação da empresa. Nesse sentido, é organizado pela área de Relações Públicas para atender às necessidades diárias de informação e funcionar como complemento de outros veículos empresariais.

A gama de assuntos do jornal mural é extensa, podendo focalizar, por exemplo, as manchetes do dia, noticiário da empresa, esportes, classificados, sociais, utilidade pública, economia, cultura, lazer, comemorações, eventos e curiosidades.[20]

Mala-direta — Qualquer comunicação escrita reproduzida por processos gráficos e enviada pelo correio constitui uma mala-direta. Os destinatários são aquelas pessoas ou instituições constantes no *maling-list* (cadastro) da empresa ou alugado de empresas especializadas no fornecimento de listagem de endereços.[21]

A mala-direta permite que a mensagem seja mandada ao público certo, no momento certo e da maneira certa. Embora se possa concluir daí uma impessoalidade do sistema, quanto mais personalizada for a mala-direta, melhores serão os resultados obtidos. É recomendável que o processo de impressão lembre o de uma carta datilografada, que o endereçamento seja em nome da pessoa para a qual se destina, e que cada carta seja assinada pessoalmente pelo seu remetente.

Envelopes de pagamento — Os envelopes ou *holleriths* de pagamento dão ao emitente a certeza de que é recebido pelos seus destinatários. No aproveitamento dos envelopes para mensagens específicas de Relações Públicas, deve-se levar em conta que oferecem um pequeno espaço a ser preenchido, mais apropriadamente, com *slogans* de frases curtas e de efeito.

Caixas de sugestões — Destinam-se, principalmente, a recolher as sugestões dos empregados para a melhoria dos métodos de produção e da administração de uma organização. O empregado, ao ter uma sugestão acatada e posta em execução, recebe uma retribuição, na maioria das vezes de ordem financeira.

Fac-símile — o mais novo meio de comunicação é hoje um instrumento fundamental para quem tem a necessidade de se comunicar rápido e sem atropelos. A multiplicação dos aparelhos de fac-símile instalados no Brasil permitirá, em pouco tempo, que a transmissão por fax crie oportunidades para sua utilização em ações de Relações Públicas.

Os instrumentos de comunicação audiovisual — Os instrumentos mais conhecidos de comunicação audiovisual são os filmes, os sistemas de alto-falantes e a projeção de *slides*. Com o grande desenvolvimento da tecnologia de comunicações, novos instrumentos têm seu uso incorporado às atividades de Relações Públicas, como o *video-tape* e os terminais de computador e de videotexto.

Os filmes — Os filmes produzidos em 35 mm e 16 mm garantem uma perfeita qualidade técnica, o que os torna excelentes veículos para a divulgação institucional mais primorosa da empresa junto a públicos determinados.

As possibilidades de utilização dos filmes são inúmeras. Na forma de documentários, oferecem ao visitante e até ao empregado uma visão mais completa das atividades e realizações de uma grande empresa. Junto aos novos empregados, podem ser utilizados para promover sua rápida integração à empresa, aos seus costumes e filosofia empresarial. Estes mesmos documentários, através de uma edição, podem ser formatados para exibição pública nas cadeias de cinema com propósitos de divulgação institucional.

O alto-falante — Os sistemas de alto-falantes, de fácil e pouco onerosa instalação, oferecem uma vasta gama de aplicações. Por exemplo: transmitem música nos ambientes de trabalho, veiculam mensagens breves e de rotina para os empregados, animam as festas e reuniões da empresa promovidas para seu público interno. Outra possível aplicação do alto-falante é sugerida por Teobaldo, como um veículo auxiliar, para dar destaque a mensagens e notícias transmitidas por outros meios.

"Um cartaz colocado no quadro de avisos da organização pode passar quase despercebido, a não ser que o alto-falante chame a atenção dos públicos aos quais a comunicação é dirigida."[22]

A projeção de slides — Dependendo das possibilidades da empresa, os audiovisuais podem combinar um único projetor de *slides* com gravação sonora até os sofisticados *multivisões*, que acoplam de 3 a 120 projetores e outros recursos técnicos sincronizados por computador. Dos mais simples aos mais complexos, os audiovisuais têm em comum a sua flexibilidade.

Consistindo em uma seqüência de imagens com uma trilha sonora sincronizada (daí serem também chamados de *seqüência de diapositivos sonorizados*), os elementos fundamentais de um audiovisual são a imagem e o som. No entanto, vistos de uma maneira isolada, outros auxílios audiovisuais empregados em Relações Públicas são: mapas, gráficos, cartazes, flanelógrafos, gravações em disco ou em fita magnética.

O video-tape — Foi em 1966 que a firma japonesa Sony lançou no mercado um aparelho de vídeo portátil, o qual, em 1969, recebeu outro melhoramento: a inclusão da fita portátil em carretel no próprio corpo do aparelho, facilitando ainda mais o seu manuseio. A industrialização em larga escala permitiu a redução de custos, disseminando em todo o mundo o videocassete doméstico. Também nas empresas o videocassete começou a ser utilizado para propósitos institucionais, comerciais e de treinamento junto a públicos diversificados.

Como instrumento de Relações Públicas, o videocassete serve a duas finalidades básicas: apresentar a empresa aos funcionários recém-admitidos e divulgar a organização junto aos clientes em potencial, autoridades, fornecedores etc. Mais recentemente, o videocassete tem sido utilizado para a produção de programas de cunho jornalístico. Noticiosos e informativos gravados em vídeo podem ser dirigidos ao público interno, a outras unidades da empresa e até mesmo a fornecedores.

Terminal de computador — Representa um novo instrumento para as Relações Públicas, com um potencial ainda a ser desenvolvido. Os Centros de Processamento de Dados das empresas podem estender terminais de computador para acesso público a programas previamente elaborados para fornecer aos interessados dados sobre a história e as atividades da organização.[23]

Videotexto — A implantação do videotexto em nosso país iniciou-se em dezembro de 1982, pela Telecomunicações de São Paulo (Telesp). Em 1989, existiam cerca de 12 mil terminais, instalados basicamente na cidade de São Paulo, atendidos por 57 fornecedores, que oferecem 107 serviços distintos para os usuários do sistema. Ainda como esforço de divulgação institucional do videotexto, a Telesp mantém em diversos pontos da capital e de cidades do interior terminais com acesso gratuito aos seus serviços.

O sucesso do videotexto no Brasil está condicionado à existência de uma rede mais ampla de terminais e usuários e à criação e desenvolvimento de uma maior variedade de aplicações específicas. Se satisfeitas estas condições, o videotexto irá — cada vez mais — transformar-se em um meio útil e ágil de difusão de informações. E, sem dúvida, surgirão melhores oportunidades para o seu aproveitamento como instrumento de Relações Públicas.

As formas de comunicação humana

A palavra comunicação tem origem no latim *communicare*, que significa tornar comum, partilhar, repartir. O ato de comunicar tem como pressupostos principais a *participação* ou *interação* entre quem emite a mensagem e aquele que a recebe, e a *compreensão* necessária para que se possa colocar em comum idéias, imagens e experiências.

Lloyd destaca que o principal objeto das Relações Públicas está em estabelecer e manter uma compreensão mútua. Então, conclui com muito acerto, quando as pessoas se encontram e conversam, essa comunicação pessoa-pessoa é o meio mais natural no processo de se criar, desenvolver e manter um bom entendimento.[24]

A conversa pessoal — Geralmente de natureza informal, as conversas propiciam um contato pessoal direto que pode contribuir para a integração humana dessas pessoas. Mas, de uma maneira mais formal, podem ser estabelecidos contatos com pessoas de interesse da empresa, onde as conversações podem gerar um maior entendimento e compreensão para as ações e atividades da organização. É o caso, por exemplo, das entrevistas de diretores da empresa com as lideranças da comunidade, com políticos e com homens do governo.

A exemplo de outras formas de comunicação, a conversa pessoal está sujeita a distorções, resultantes muitas vezes do seu processo de difusão. Um determinado fato, ao ser transmitido em cadeia para outras pessoas, sofre modificações como a diminuição do tamanho e a redução do número de palavras e dos detalhes.

Enquanto comunicação que passa de pessoa para pessoa, com uma distorção intencional ou não dos fatos, o rumor pode ter origem na falta de informações oficiais, nas falhas do sistema de comunicações, pela circulação de diferentes versões sobre um mesmo assunto e por falta de confiança na fonte de informação. Bem taxativo, Teobaldo assevera que grande parte da comunicação, na forma de conversação, é resultado do intercâmbio de rumores.[25] Tal constatação deve merecer a devida atenção por parte do profissional de Relações Públicas, cuidando para que a informação não seja sonegada, se for do interesse público. Uma só versão deve ser transmitida, evitando os possíveis desencontros na informação prestada por fontes diferentes, às vezes antagônicas. Outro elemento importante é a credibilidade de que desfruta a própria fonte de informação, que influencia grandemente na confiança que será dada aos fatos.

A PROMOÇÃO DE EVENTOS COMO INSTRUMENTO DE RELAÇÕES PÚBLICAS

Os eventos são utilizados em Relações Públicas como acontecimentos que são aproveitados para atrair a atenção do público e da imprensa sobre a empresa. De acordo com Canfield, a eficácia de tais acontecimentos está em "que possuem características que servem para atrair a atenção, despertar interesse e produzir impressão duradoura nas pessoas."[26]

Todo evento de Relações Públicas não pode prescindir de um

rigoroso planejamento anterior, que deve envolver o conjunto das pessoas ou setores necessários para a sua realização.

O profissional de Relações Públicas torna-se, cada vez mais, um promotor de acontecimentos, dispondo de um número considerável de eventos para serem desenvolvidos em benefício da empresa.

Dias de visitação — Dias de visita à empresa e suas instalações podem ser estabelecidos para os familiares dos empregados. Seus filhos e esposas, com certeza, têm curiosidade e sentirão prazer em conhecer o local de trabalho. Nessa oportunidade, é comum a distribuição de lembranças ou a exibição de filmes e audiovisuais sobre a empresa.

As visitas também podem ser franqueadas ao público em geral ou para públicos específicos, constituindo-se no *open-day*. Muitas escolas recebem convites para visita a fábricas, cujo propósito é propiciar um contato mais próximo da empresa com o elemento humano que poderá, mais tarde, tornar-se um empregado da mesma.

Tours para empregados — Dirigidos para pequenos grupos de empregados, os *tours* são organizados para proporcionar uma visão mais global das atividades da empresa e facilitar a integração humana em todos os escalões. O grupo visita todas as seções da empresa, recebendo as explicações sobre o trabalho desenvolvido em cada setor.

Festas de Natal — Em um país com população majoritariamente católica, as festas de Natal representam uma grande oportunidade de congraçamento entre os funcionários de todos os níveis, que pode ser estendida também a seus familiares.

Planos de benefícios — Sob o rótulo de benefícios sociais podem ser agrupadas todas "aquelas facilidades, conveniências, vantagens e serviços que as empresas oferecem aos empregados, no sentido de poupar-lhes esforços e preocupações".[27] Entre eles, os planos de bolsas de estudo, para o empregado e seus filhos; os clubes desportivos e associações recreativas, onde os funcionários praticam esportes ou desenvolvem atividades de lazer, ambas excelentes para a integração humana; as cooperativas de consumo, facilitando a compra de gêneros alimentícios a preço de custo; as colônias de férias, que apresentam ótimos resultados na criação de um bom relacionamento interno nas empresas; as excursões dos empregados, principalmente para as praias; e a inauguração de benfeitorias, como um novo refeitório, a instalação de uma creche para os filhos dos funcionários ou sala de estar onde os empregados permanecem após as refeições.

Concursos — São fundamentais para o estímulo e motivação do pessoal da empresa. "Uma empresa brasileira obteve um notável aumento na produtividade das suas secretárias, quando resolveu eleger, todos os anos, a sua 'Rainha das Secretárias', para a classi-

74

ficação das quais contavam pontos não apenas a efetividade profissional mecânica, mas, e principalmente, a forma de atender os colegas e servi-los."[28]

Exposições — As exposições podem ser dirigidas ao público externo, quando assumem um caráter itinerante, percorrendo, por exemplo, as principais cidades brasileiras. Também podem ser realizadas na própria empresa, como exposições de obras de arte e de fotografias. Internamente, a empresa pode promover a exposição de pinturas, de trabalhos manuais e de fotografias produzidas pelos próprios empregados. Outra possibilidade é a montagem da exposição em feiras de âmbito nacional ou internacional, quando se atinge um número bastante significativo de visitantes.

Convenções — As convenções reúnem, de maneira mais usual, somente os vendedores da empresa, mas constituem excelentes oportunidades para promover o congraçamento entre seus participantes.

Cooperação dos empregados em iniciativas de benemerência da comunidade — Um bom exemplo da contribuição possível dos empregados está nas campanhas de doação dos bancos de sangue da cidade onde a empresa está sediada. A participação pessoal dos empregados em iniciativas de tal natureza traz resultados altamente benéficos tanto para a empresa como para o empregado.

Comemorações de datas cívicas — As festividades do dia do aniversário da cidade, do Dia do Trabalho, do Dia de Ação de Graças, são exemplos de datas cívicas e religiosas que se constituem em importantes marcos para a participação e divulgação da empresa. O Bradesco—Banco Brasileiro de Descontos S.A., consegue cobertura total da imprensa nacional para as comemorações do Dia de Ação de Graças, que realiza anualmente.

Instituição de datas promocionais — Segundo Penteado, "as Relações Públicas participaram ativamente com a Promoção de Vendas, em diversos países, para a instituição de datas hoje tão conhecidas como o Dia das Mães, o Dia dos Namorados etc."[29] Embora estas datas tenham um forte cunho comercial, as Relações Públicas podem explorar a oportunidade para ações de caráter institucional.

Patrocínio de eventos — Além de sua presença em eventos da comunidade, a empresa pode participar com mais efetividade através do patrocínio direto, com a destinação de verbas para a realização do acontecimento ou a impressão de material promocional que leve a sua assinatura.

Muitas empresas, por sua vez, reservam em seus orçamentos anuais verbas para o patrocínio de grupos teatrais, musicais e artísticos, que apresentam um número determinado de espetáculos visando públicos de interesse da empresa. Iniciativas de tal natureza mereceram um novo impulso com a aprovação da Lei nº 7.505, de 2 de julho de 1986, que possibilita a empresas e pessoas físicas abaterem da renda bruta do Imposto de Renda, ou deduzirem como despesa operacional, o valor das doações, patrocínios e investimentos , realizada por intermédio ou a favor de pessoa jurídica de natureza cultural.

As atividades culturais promovidas pela empresa sem proveito pecuniário ou patrimonial são consideradas pela lei como patrocínio. Abrangem festas folclóricas, exposições de arte, espetáculos teatrais, de dança, de música, de ópera, de circo, edição de livros, produção de discos e filmes de caráter cultural. Abriu-se, assim, uma vasta opção de ações culturais que redundam em benefícios para a empresa no seu relacionamento com a comunidade ou com os públicos para os quais se dirigirão estes eventos.

AS ATIVIDADES DE COMUNICAÇÃO COMO INSTRUMENTOS DE RELAÇÕES PÚBLICAS

As atividades de comunicação utilizadas como instrumentos de Relações Públicas são: a editoração, a divulgação e a propaganda institucional. Enquanto os veículos de comunicação propiciam diferentes caminhos para atingir de forma adequada uma única pessoa, um grupo ou uma vasta audiência, a editoração, a divulgação e a propaganda institucional constituem, cada uma, um conjunto de atividades adotadas com propósitos de comunicação pela empresa, que serão examinadas a seguir.

A editoração

Inicialmente, compreendia-se a editoração como a atividade organizada em forma de empresa para a publicação de livros. Com o surgimento de novos meios de difusão cultural, o conceito não pode mais restringir-se apenas à publicação de livros. Assim, a ação de editar comporta "selecionar, preparar e comercializar obra impressa e, por extensão, obras fonográficas, audiovisuais etc."[30]
Depois de analisar as publicações existentes em uma empresa, Torquato concluiu que existem canais da organização que não assumem características jornalísticas. Abrangem o material *impresso* (folhetos, *folders*, manual de acolhimento, circulares, relatórios anuais), o *sonoro-verbal*, (discos, fitas), *visual* (*slides*, transparências, fotos) e o *audiovisual* (filmes, vídeos), que não têm periodicidade definida e cujo consumo se processa permanentemente. Todo este material,

ao apresentar um conteúdo de interesse permanente, alterado apenas quando existir um fato novo, constituem produtos da área de editoração.[31]

Corrêa, por sua vez, apontou que a editoração pode assumir um papel coadjutor para as Relações Públicas, exclusivamente no âmbito da comunicação dirigida, como um "instrumento meio para a execução de tarefas específicas, determinadas pelo meio de comunicação indicado em planejamento."[32] Por meio do conjunto de técnicas que permitem operar o meio, ajustar o conteúdo da mensagem ao canal e produzir a emissão da informação, a editoração contribui para melhorar a *performance* de todo o processo de comunicação em Relações Públicas.

A divulgação

Nos países de língua inglesa, o termo *publicity* designa as "notícias exatas, preparadas por uma empresa comercial ou não lucrativa, no intuito de fazer progredir seus interesses. A publicidade é feita gratuitamente em jornais, revistas e publicações comerciais, ou transmitida nas mesmas condições por estações de rádio e televisão."[33]

Após considerarmos a propaganda e a publicidade como técnicas de comunicação com propósitos comerciais, religiosos, políticos e outros, que se caracterizam por serem pagas, não podemos simplesmente traduzir *publicity* pelo seu correspondente em português, publicidade. Para reforçar essa posição, tomamos de Benedicto Silva as considerações sobre a conveniência de se adotar no Brasil o termo *divulgação*, a partir de um paralelo bastante esclarecedor que faz com os propósitos e finalidades da propaganda.

"O objetivo principal da divulgação é informar. O da propaganda é persuadir. A propaganda recorre a todos os meios a seu alcance para interferir habilmente no comportamento do público. A divulgação não aspira a tanto. Considerada em si mesma e através de seus efeitos rotineiros, a divulgação procura atender a fins primários e transparentes. A propaganda busca, sobretudo, resultados sutis, subentendidos. A divulgação, as mais das vezes, é sincera em propósitos e sistemática em detalhes. A propaganda é ardilosa, tanto em propósitos quanto em pormenores. A divulgação vale o que valerem e para que valerem os fatos e ocorrências divulgadas. A propaganda vale o que valer o seu poder de persuasão. O divulgador é um informante neutro; o propagandista, um forjador de mitos."[34]

A divulgação se torna, assim, um instrumento básico de Relações Públicas, para — através da imprensa em geral — chegar direta e gratuitamente a milhões de pessoas, informando o público sobre a política e os atos de uma organização, com o propósito de obter para a mesma a boa vontade e a compreensão por parte do público. As peças mais usadas para tal divulgação são: o *teaser*, o *press-kit* e os mais conhecidos *press-releases*.

O *teaser* é uma nota enviada aos veículos de comunicação e tem por finalidade despertar a curiosidade do jornalista para um evento a se realizar brevemente. Há uma revelação parcial do fato, em razão também de não ter o objetivo de publicação, gerando um clima de expectativa.

O *press-kit*, ou "envelopes de imprensa", é preparado para divulgar uma inauguração ou outro evento de Relações Públicas e serve de material de apoio para o jornalista preparar sua matéria. Contém fotos e textos, chegando a incluir, às vezes, brindes, folhetos e outros materiais promocionais.

O *press-release* é uma peça de Relações Públicas de uso extremamente controvertido. Trata-se de uma nota ou comunicado em forma jornalística, acompanhado muitas vezes de fotos de qualidade, e produzido pela própria fonte (no caso da empresa) ou por profissionais de Departamentos ou Assessorias de Relações Públicas. Para o jornalista, o *press-release* desempenha o papel de uma informação inicial, frente à qual deve "checar a fonte, investigar os fatos, descobrir o que há por trás daquela notícia e aí sim utilizá-lo como pauta ou mesmo publicá-lo sempre reelaborando-o caso haja necessidade."[35]

Para o *press-release* se constituir em uma peça efetiva de Relações Públicas, deve existir um tratamento essencialmente ético da informação, isenta de dados inverídicos, mal formulados ou manipulados em função de interesses menores da empresa. No caso de quem recebe este tipo de texto, Lima prescreve que "além do dever de descobrir a essência e separá-la dos interesses estreitos de que ela se reveste, é indispensável que o jornalista busque novos dados junto à fonte para a valorização do texto final publicado."[36]

A propaganda institucional

As técnicas de divulgação vistas anteriormente não garantem à empresa a certeza de obter a cobertura necessária dos veículos de comunicação para as suas mensagens de Relações Públicas. Um meio mais seguro de conseguir esta divulgação seria então a compra de tempo e espaço, recorrendo à propaganda institucional, também chamada de propaganda de Relações Públicas.

O emprego da propaganda para estimular a mudança de opiniões remonta aos princípios do século XX. Segundo Cutlip e Center, "Ivy Lee publicou anúncios de página inteira nos jornais do Colorado, em 1914, para esclarecer a participação de Rockefeller na histórica greve do petróleo e do ferro naquele Estado."[37] Hoje, a propaganda institucional é um dos instrumentos básicos na execução do trabalho de Relações Públicas. Para Canfield, "a utilização de espaço de propaganda para a apresentação de mensagens institucionais está na mesma categoria da produção de folhetos, a divulgação de declarações, as conferências com a imprensa ou quaisquer outras técnicas conhecidas."[38]

O exame das funções e do papel desempenhado pela propaganda como instrumento de Relações Públicas constitui o propósito principal deste trabalho e será abordado em profundidade nos capítulos seguintes.

NOTAS BIBLIOGRÁFICAS

1. ANDRADE, Cândido Teobaldo de Souza. *Para entender relações públicas*, p. 177.
2. *Idem, ibid.*, p. 129.
3. PENTEADO, José Roberto Whitaker. *Relações públicas nas empresas modernas*, p. 137-9.
4. ALBUQUERQUE, Adão Eunes. *Planejamento das relações públicas*, p. 78.
5. ANDRADE, Cândido Teobaldo de Souza, *op. cit.*, p. 105.
6. *Idem, ibid.*, p. 121.
7. *Idem, ibid.*, p. 124.
8. PENTEADO, José Roberto Whitaker, *op. cit.*, p. 158-9.
9. BLACK, Sam. *Practical public relations*, p. 114.
10. ANDRADE, Cândido Teobaldo de Souza, *op. cit.*, p. 140.
11. *Idem, ibid.*, p. 141.
12. CANFIELD, Bertrand R. *Relações públicas*, v. 2, p. 687.
13. ANDRADE, Cândido Teobaldo de Souza, *op. cit.*, p. 138.
14. *Apud* ANDRADE, Cândido Teobaldo de Souza, *op. cit.*, p. 111.
15. PENTEADO, José Roberto Whitaker, *op, cit.*, p. 152.
16. PALMA, Jaruês Rodrigues. *Jornalismo empresarial*, p. 166.
17. A denominação "cartas informativas" é de José Roberto Whitaker Penteado, que utiliza a expressão como uma tradução literal da palavra americana *newsletter*, país onde foram adotadas pela primeira vez. Ver, do mesmo autor, *Relações públicas nas empresas modernas*, p. 148.
18. PENTEADO, José Roberto Whitaker, *op. cit.*, p. 145.
19. *Idem, ibid.*, p. 147.
20. FRANÇA, Fábio. Jornal mural — nova e eficiente opção. *In*: Conselho Regional de Profissionais de Relações Públicas—CONRERP. *X Catálogo brasileiro de profissionais de relações públicas*, p. 115-6.
21. A formação do *mailing-list* é uma atividade que demanda tempo e dinheiro, sendo diversas as maneiras de montá-lo. Pode ser um início enumerar os clientes da própria empresa e dos fornecedores, através do levantamento de fichas de clientes, cópias de notas fiscais e outras fontes internas. A compra ou aluguel de listas de endereços é outra fonte a que a empresa pode recorrer.

22. ANDRADE, Cândido Teobaldo de Souza, *op. cit.*, p. 137-8.
23. A partir de 1985, a PUC de Campinas tem promovido anualmente uma exposição no Shopping Center Iguatemi de Campinas. A mostra é realizada pela Assessoria de Relações Públicas da Universidade com o propósito de promover o seu Concurso Vestibular e apresenta como atração principal um terminal de computador que permite acessar informações sobre a história da instituição, os cursos que oferece, o número de vagas e a relação candidatos/vaga em seu vestibular, os serviços que presta à comunidade, entre outros.
24. LLOYD, Herbert. *Public relations*, p. 107.
25. ANDRADE, Cândido Teobaldo de Souza, *op. cit.*, p. 113.
26. CANFIELD, Bertrand R., *op. cit.*, v. 2, p. 648.
27. CHIAVENATO, Idalberto. *Recursos humanos*, p. 249.
28. PENTEADO, José Roberto Whitaker, *op. cit.*, p. 160-1.
29. *Idem, ibid.*, p. 166.
30. Ephraim de Figueiredo Beda. Editoração. *In*: SILVA, Roberto P. de Queiroz e, coord. *Temas básicos em comunicação*, p. 226.
31. REGO, Francisco Gaudêncio Torquato do. *Jornalismo empresarial*, p. 42-3.
32. CORRÊA, Tupã Gomes. *Editoração*, p. 22.
33. CANFIELD, Bertrand R., *op. cit.*, v. 2, p. 519.
34. *Apud* VALLADA, Kardec Pinto. *Os "releases" no contexto da comunicação empresarial*, p. 17. Considerar o divulgador um informante neutro, como fez Benedicto Silva, parece, no mínimo, um exagero do autor. A objetividade ou a neutralidade da informação é um mito, pois as notícias passam por diversos processos de filtragem e depuração. Um divulgador, por sua vez, estará preso a toda uma formação cultural que o levará a ver o fato de uma maneira diferente de outras pessoas com formação e opinião diversas. Ver, sobre a questão: MACHADO, Ana Maria. Informação objetiva, mito muito enganador? *Cadernos de Jornalismo e Comunicação*, Rio de Janeiro, n? 35, mar./abr. 1972, p. 3-8.
35. LIMA, Gérson Moreira. *Releasemania*, p. 46.
36. *Idem, ibid.*, p. 51.
37. CUTLIP, Scott M. & CENTER, Allen H. *Relaciones públicas*, p. 232.
38. CANFIELD, Bertrand R., *op. cit.*, v. 2, p. 552.

Capítulo 5
USOS DA PROPAGANDA COMO INSTRUMENTO DE RELAÇÕES PÚBLICAS

A utilização pioneira da propaganda como instrumento de Relações Públicas se deu em junho de 1908, com o início da publicação, pela American Telephone & Telegraph Company, de uma série de anúncios em dez revistas americanas, com o objetivo de conseguir a aceitação pública para um sistema nacional unificado de telecomunicações. No primeiro, preparado pela agência de propaganda N. W. Ayer, a AT&T defendia o seu monopólio de rede nacional de telefonia como condição para evitar o caos que um sistema baseado em múltiplas redes locais poderia gerar.[1]

Vale relembrar os anúncios de página inteira publicados por Ivy Lee nos jornais do Colorado, em 1914, para esclarecer a participação de Rockefeller na greve do petróleo e do ferro naquele estado americano.

Já no final da Primeira Guerra Mundial, dezenas de empresas americanas recorriam aos anúncios pagos como meio de divulgar a informação e estimular a mudança de opinião. Tais esforços de comunicação paga vão se intensificar no período da Segunda Guerra Mundial.

Foi quando os anunciantes perceberam que, com a escassez generalizada de produtos devido ao racionamento e ao direcionamento das empresas para a produção de armamentos, a interrupção da publicidade comercial por vários anos acarretaria dificuldades em recuperar o seu prestígio após o término da guerra.

De uma maneira geral, os anúncios descreviam os bens e equipamentos que produziam para as Forças Armadas e levantavam expectativas quanto ao desenvolvimento de novos produtos em um futuro de paz e prosperidade. A Consolidated Vultee Aircraft, em anúncio de 1943 (*vide figura 1*), preconizava no texto:

"Hoje, todo o conjunto de especialistas da Consolidated devota-se a um objetivo único: destruir o inimigo sob uma nuvem dos maiores, mais velozes e mais fulminantes bombardeios do mundo.
Amanhã, esses mesmos especialistas em grandes aviões devotarão seus esforços para a construção dos supertransportes que hão de ligar as nações de um mundo livre."[2]

Outra preocupação das mensagens institucionais era manter a lembrança dos produtos cuja manufatura estava interrompida em razão da guerra e criar a familiaridade da marca junto às mais novas gerações de consumidores. É o que podemos depreender do texto do anúncio da Zenith, fabricante norte-americano de rádios, veiculado também em 1943:

"Apesar de que a Zenith continua fabricando receptores de rádio, é provável que V. Sa. não possa adquirir um... devido a que a Zenith está hoje dedicando toda a sua produção aos exércitos que defendem a Liberdade. A humanidade lançou um S.O.S. em todas as direções, e é necessário contribuir com todos os meios para sua salvação."[3]

Nos dias de hoje, a propaganda constitui um importante e eficiente instrumento de comunicação que apresenta como principal vantagem permitir à empresa ou instituição contar sua história com suas próprias palavras no momento que quiser e para o público que escolher. Como instrumento de Relações Públicas, a propaganda é um dos meios mais eficazes e econômicos para atingir os diferentes públicos através dos meios de comunicação de massa que veiculam sua mensagem: rádio, televisão, jornal, cinema, revista e *outdoor*. Nessa tarefa, a propaganda serve aos mais diferentes propósitos de Relações Públicas.

OS PROPÓSITOS DA PROPAGANDA EM RELAÇÕES PÚBLICAS

O propósito básico da propaganda em Relações Públicas pode ser colocado como o de preencher as necessidades legítimas da empresa, diferentes daquelas de vender um produto ou serviço. Algu-

O MAIOR hidro-avião da Marinha dos Estados Unidos é o Consolidated Coronado, com capacidade para transportar muitas toneladas de carga ou de bombas, e capaz de permanecer no ar durante um dia inteiro de cada vez!

Outros dentre os gigantescos aviões Consolidated são o bombardeiro Liberator, o bombardeiro Catalina, do serviço de patrulhamento naval e o Liberator Express, que é o avião transporte do tipo Liberator-bombardeiro.

Os colossos que a Consolidated constróe!

EM 1927, a Consolidated construiu uma série de grandes aviões de 32 passageiros destinados ao serviço das linhas aéreas entre a América do Norte e do Sul.

Desde então, a Consolidated tem se especializado em gigantes dos ares, de grande tonelagem e multi-motores.

Hoje, construimos aviões que se destacam dentre os que dispõem de maior raio de ação no mundo. Mas hoje construimos por meio de modernos métodos de construção em série, em cadeias de montagem. E agora, os construimos para aplicações diferentes — muito graves.

Hoje, todo o conjunto de especialistas da Consolidated devota-se a um objetivo único: *destruir o inimigo sob uma nuvem dos maiores, mais velozes e mais fulminantes bombardeiros do mundo.*

Amanhã, êsses mesmos especialistas em grandes aviões devotarão seus esforços para a construção dos supertransportes que hão-de ligar as nações de um mundo livre.

**CONSOLIDATED VULTEE
AIRCRAFT CORPORATION**

San Diego, Cal. · Vultee Field, Cal. · Fort Worth, Texas · New Orleans, La. · Nashville, Tenn. · Wayne, Mich. · Allentown, Pa. · Tucson, Ariz. · Elizabeth, City, N. C. · Louisville, · Miami, Fla. **UNIDAS SEMPRE**

Member, Aircraft War Production Council

CONSOLIDATED VULTEE AIRCRAFT

LIBERATOR — (bombardeiro quadrimotor) CATALINA, CORONADO, and P4Y — (bombardeiros de patrulha) LIBERATOR — (avião-transporte) VALIANT — (avião-escola) VENGEANCE — (bombardeiro de mergulho) SENTINEL — ("jeep" voador) RELIANT — (avião-escola de navegação)

Figura 1

mas das tarefas que a propaganda tem desempenhado com sucesso no âmbito de Relações Públicas foram anteriormente relacionadas por George A. Flanagan.[4] Contudo, tais necessidades são extremamente diversificadas e novas exigências ocorrem constantemente. A propaganda assume, então, objetivos de Relações Públicas bastante abrangentes, que ilustram as inúmeras possibilidades de uso da propaganda como instrumento de Relações Públicas.

a) Assegurar a aceitação de uma organização junto ao público em geral

As informações divulgadas com respeito à organização, seus recursos e políticas, permitem que as pessoas se predisponham a uma atitude mais favorável perante a empresa e seus produtos.

A Inbrac, fabricante de cabos condutores para transmissão de energia, desenvolveu uma campanha destacando a presença dos seus produtos nas indústrias eletroeletrônica, automobilística, de construção civil e naval, exploração de petróleo, exploração mineral e no setor de condução e transmissão de energia. Embora os equipamentos sejam claramente destinados ao mercado industrial, a veiculação da série de anúncios em revistas de informação geral — como a *IstoÉ-Senhor* (*vide figura 2*)[5] — predispõe o leitor a uma atitude francamente favorável perante a empresa, facilitando sua aceitação junto ao público em geral. Assim, se a indústria desfruta da confiança do público, é natural que os benefícios se estendam em maiores facilidades "para vender seus produtos, para atrair bons empregados, reduzir substituições no trabalho, obter o apoio da comunidade onde opera, atrair e conservar acionistas, conquistar o beneplácito dos funcionários do governo e organizar uma rede de distribuidores dedicados."[6]

b) Dissipar falsas impressões ou corrigir concepções errôneas

As atividades de uma empresa podem ser mal interpretadas e gerar concepções errôneas que prejudiquem o seu conceito junto à opinião pública. Informações sobre as operações da firma podem ser levadas ao público por meio da propaganda, esclarecendo qualquer mal-entendido.

O Sistema Brasileiro de Televisão (SBT) promoveu recentemente o conceito de vice-liderança, apoiado em sua posição de segundo lugar de audiência. Segundo o texto do anúncio do SBT, "por enquanto o segundo já está muito bom: 23% de participação na audiência total do mercado nacional, num país que tem a Rede Globo,

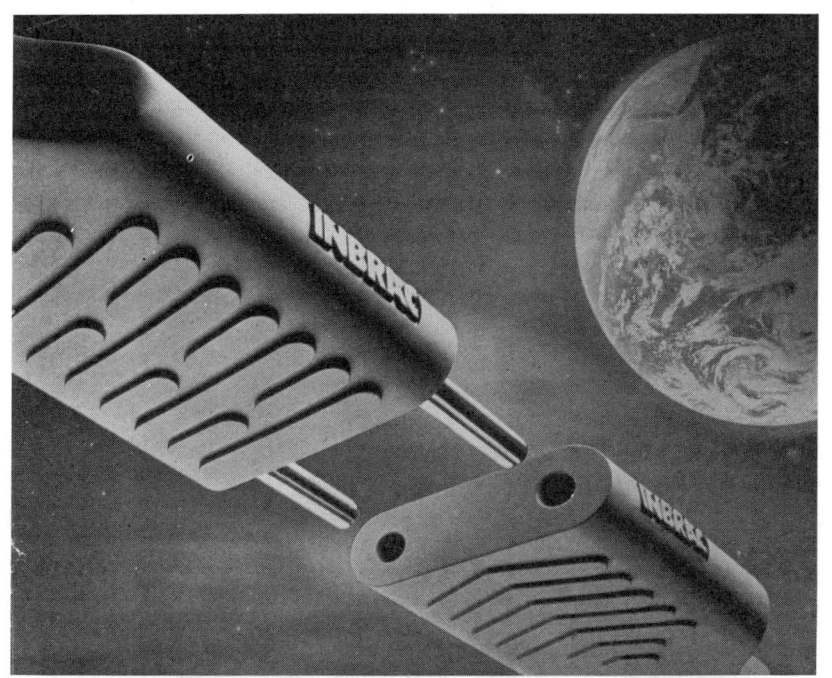

A INBRAC JÁ CONQUISTOU O MUNDO.
O ESPAÇO É SÓ UMA QUESTÃO DE TEMPO.

Tudo o que a Inbrac já produziu nos últimos 45 anos daria para dar várias voltas ao mundo.

Mas, para chegar a esse estágio, a Inbrac teve que criar seu próprio espaço tecnológico, com muita pesquisa, projetos e milhões de dólares investidos.

Com a sua força, a Inbrac conquistou uma respeitável posição no mercado, tornando-se a maior empresa com capital cem por cento brasileiro no setor de transmissão de energia. Conquistou também a confiança da indústria brasileira: eletroeletrônica, automobilística, de construção civil, construção naval, exploração de petróleo, exploração mineral e o setor de condução e transmissão de energia.

E é reconhecida no mundo inteiro pela avançada tecnologia dos seus cabos condutores, homologados por importantes entidades internacionais, como American Bureau of Shipping, Bureau Veritas, Det Norske Veritas, Germanischer Lloyd, Lloyds Register of Shipping e outras.

Agora a Inbrac está indo na direção do futuro, pesquisando e testando produtos para a indústria da aviação e espacial.

Como você pode ver, a Inbrac vive de grandes conquistas. Conquistar o espaço é só uma questão de tempo.

INBRAC
LIGUE ESSA FORÇA.

Figura 3

PREFERE A REDE GLOBO.

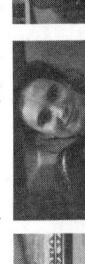

Não, o povo não é bobo. Sabe aquilo que quer, é suficientemente crítico para escolher e só aceita o que é melhor. Televisão tem um botão que liga e desli-ga, outro que muda de canais. A escolha é livre e a concorrência também. Todos os programas da Rede Globo, de todos os gêneros, são de longe os primeiros colocados em audiência.

Não há um segundo lugar, não existe vice-liderança. Veja tabelas abaixo. A Rede Globo é líder de sete dias da semana, em todas as faixas horárias, em todo o Brasil, há anos e anos.

Só para se ter uma idéia dessa liderança absoluta: a Globo tem mais audiência na hora do almoço do que qualquer emissora no horário nobre. O telespectador não precisa ver o número do canal para saber se está na Globo ou não. Ele está habituado a um padrão de qualidade que vai desde as vinhetas de apresentação até o volume de informações e os cuidados de toda a programação.

O povo sabe das coisas. O povo sabe se divertir. O povo sabe o que é bom. E se não derem o melhor, ele faz a coisa mais simples do mundo: muda de canal. Ninguém é bobo.

O POVO SABE DE FATO.

De segunda a sábado, às 8 horas da noite, cerca de 50 milhões de pessoas vêem o Jornal Nacional.

É a impressionante média de 60%, de audiência de um programa jornalístico que concorre com novelas, shows e programas humorísticos.

Por isso a Globo tem o maior número de programas jornalísticos da televisão brasileira.

E de todos os programas jornalísticos da televisão brasileira, a Globo tem o primeiro, o segundo, o terceiro, o quarto, o quinto, o sexto e o sétimo colocados em audiência.

O povo não é bobo e sabe onde está a verdade.

PROGRAMA	CANAL	IBOPE*
JORNAL NACIONAL	GLOBO	
RJ TV 1ª EDIÇÃO	GLOBO	
GLOBO REPÓRTER	GLOBO	
JORNAL HOJE	GLOBO	
JORNAL DA GLOBO	GLOBO	
FANTÁSTICO	GLOBO	
CIDADE O LESGADE 4ª	SBT	
NOTÍCIAS	SBT	
JORNAL DA MANCHETE	MANCHETE	

*Mulheres de classes abastadas - Grande São Paulo/Grande Rio
Fonte: Audi TV, Divisão Audi Mídia Ibope Maio 88

O POVO SABE SE DIVERTIR.

Entre os dez shows de maior audiência na televisão brasileira, oito são da Globo.

O telespectador é muito exigente e quer sempre o melhor.

O povo sabe que os programas da Globo são mais cuidados e melhor produzidos.

Sabe também que a Globo respeita os profissionais consagrados, mas tem a coragem de apostar alto no talento novo.

O povo sabe se divertir.

PROGRAMA	CANAL	IBOPE*
OS TRAPALHÕES	GLOBO	
TV PIRATA	GLOBO	
FANTÁSTICO	GLOBO	
CHICO ANYSIO SHOW	GLOBO	
GLOBO DE OURO	GLOBO	
A PRAÇA É NOSSA	SBT	
TANCREDO & NOSSA	GLOBO	
PROGRA SÍLVIO SANTOS	SBT	
CASSINO DO CHACRINHA	GLOBO	
ARMAÇÃO ILIMITADA	GLOBO	

*Mulheres de classes abastadas - Grande São Paulo/Grande Rio
Fonte: Audi TV, Divisão Audi Mídia Ibope Maio 88

O POVO SABE ESCOLHER.

Os maiores sucessos do cinema são sempre campeões de audiência na Globo.

O povo não é bobo. Assiste à superproduções, filmes de grandes bilheterias e a consagrados sem enfrentar filas, sem pagar ingresso.

A Rede Globo apresenta muitos filmes inéditos na TV. E tem o maior acervo de todos os gêneros de cinema.

Tela Quente, Supercine e Sessão da Tarde têm a preferência do povo.

O povo sabe escolher. Sabe que os maiores sucessos das telas do cinema podiam na tela da Globo.

PROGRAMA	CANAL	IBOPE*
TELA QUENTE	GLOBO	
SUPERCINE	GLOBO	
SESSÃO DA TARDE	GLOBO	
SEMANA A SÉRIE	SBT	
SESSÃO AVENTURA	SBT	
SESSÃO DE GALA	SBT	
SESSÃO DAS DEZ	SBT	
DUAS SESSÕES		
ESPECIAL DO MÊS	CORCINADOR/RECORD	
CLASSE A	SBT	
FESTIVAL DE SUCESSOS		
CAMPEÕES DE BILHETERIA	GLOBO	

*Mulheres de classes abastadas - Grande São Paulo/Grande Rio
Fonte: Audi TV, Divisão Audi Mídia Ibope Maio 88

O POVO SABE TORCER.

A Rede Globo emplaca os maiores índices de audiência de programas esportivos.

Tem exclusividade na Fórmula 1 e na Copa União.

Transmite as Olimpíadas e as Copas do Mundo sempre com os melhores profissionais.

O povo sabe torcer. Na hora de assistir os mais emocionantes lances do esporte, prefere o time da Globo.

A Globo cobre todos os esportes no Brasil e no Mundo.

O povo não é bobo. O povo sabe que na hora de escolher o melhor bem precisa de competição.

PROGRAMA	CANAL	IBOPE*
ESPORTE ESPETACULAR	GLOBO	
GP DE FÓRMULA 1	GLOBO	
SHOW DO ESPORTE	GLOBO	
CAMP PAULISTA (SP)	SBT	
FUTEBOL	MANCHETE	
CAMP PAULISTA	BANDEIRANTES	
SHOW DO ESPORTE	BANDEIRANTES	
VALE A PENA - TI TI TI		
MANCHETE ESPORTIVA	MANCHETE	
ROMANCE DA TARDE	MANCHETE	
TOQUE DE BOLA		
MANCHETE ESPORTIVA	MANCHETE	
2° TEMPO	MANCHETE	

*Mulheres de classes abastadas - Grande São Paulo/Grande Rio
Fonte: Audi TV, Divisão Audi Mídia Ibope Maio 88

O POVO SABE O QUE É BOM.

A Globo produz três novelas e as três são as primeiras colocadas em audiência.

De todas as novelas no ar, na televisão, a quarta colocada na Globo está em audiência também é da Globo.

É uma novela reprisada, à tarde, dentro do Vale a Pena Ver de Novo.

O povo não é bobo, sabe que a Globo prestigia grandes escritores, elencos fabulosos, ótimos diretores, cenógrafos, iluminadores etc.

Mas as novelas da Globo não fazem sucesso só no Brasil.

Também em Cuba, na China, na França, na Itália, na Suécia.

Em mais de 100 países.

Lá, também, o povo não é bobo.

PROGRAMA	CANAL	IBOPE*
MANDALA (10 caps.)	GLOBO	
SASSARICANDO	GLOBO	
VALE TUDO (14 caps.)	GLOBO	
FERA RADICAL	GLOBO	
VIDA NOVA	MANCHETE	
VALE A PENA - TI TI TI	GLOBO	
DONA BEIJA	MANCHETE	
MANDA DE QUERER	MANCHETE	

*Mulheres de classes abastadas - Grande São Paulo/Grande Rio
Fonte: Audi TV, Divisão Audi Mídia Ibope Maio 88

O POVO SABE DAS COISAS.

Os meios de comunicação têm obrigação de prestar serviço fazendo campanhas comunitárias.

A Rede Globo faz isso permanentemente com espírito público.

O povo sabe que os programas do Telecurso são um exemplo de dedicação ao público. O povo não é bobo, sabe que a educação e seu aprimoramento superam as expectativas e são altos os índices de aprovação.

Sabe que no intervalo comercial são veiculadas mensagens comunitárias sempre de interesse comunitário. Mensagens criadas e produzidas pela Rede Globo para prestar serviços ao povo.

O povo sabe das coisas. O poder de comunicação da Rede Globo faz com que o efeito de suas mensagens seja sempre rápido, eficiente e duradouro.

A Rede Globo cobre 1.003 municípios/99,9% do território nacional. São 36 milhões de telespectadores em potencial. 59 milhões de telespectadores de segunda a sexta. Quando a Globo fala, o povo responde.

O POVO NÃO É BOBO.
PREFERE A REDE GLOBO.

uma das melhores televisões do mundo, é audiência pra líder nenhum botar pra escanteio". E faz uma previsão: "Assim como o Corinthians, o Flamengo, o Catuense, o Atlético Mineiro, o Sport e o Inter formam vices este ano e podem ser campeões nos campeonatos do ano que vem, nós também podemos chegar um dia à liderança. É só tocar essa bola pra frente."[7]

A Rede Globo de Televisão procedeu à veiculação de informações, por meio da propaganda, para desmistificar o conceito de vice-liderança pleiteado pelo SBT, esclarecendo que "todos os programas da Rede Globo, de todos os gêneros, são de longe os primeiros colocados em audiência." Com base nas tabelas de audiência dos programas das linhas de *shows*, jornalismo, humor, filmes, esportes e novelas da emissora, o anúncio conclui (*vide figura 3*):

"Não há um segundo lugar, não existe vice-liderança. (...) A Rede Globo é líder os sete dias da semana, em todas as faixas etárias, em todo o Brasil, há anos e anos."[8]

c) Obter aceitação pública para uma indústria

A indústria sofre freqüentes restrições devido aos preconceitos ou a problemas mais concretos, como o da poluição ambiental. O Pólo Industrial de Cubatão ficou bastante marcado pela imprensa em razão dos altos níveis de poluição, até que, em 1985, um grupo de 25 indústrias iniciou o projeto "Cubatão busca suas soluções", para enfrentar e solucionar o problema da poluição na região.

Todos os resultados obtidos no projeto eram divulgados em forma de anúncios nas praças de São Paulo, Rio de Janeiro e Brasília. O primeiro anúncio dava conta do controle das fontes de poluição: "Em 1984, Cubatão tinha 320 fontes de poluição. Hoje, tem 127. Em 1988, todas estarão controladas".

No segundo anúncio, a COSIPA e as indústrias químicas e de fertilizantes reportaram seus esforços para a melhoria da qualidade do ar, da água e do solo. O título do anúncio informava: "Em 1984, Cubatão teve 12 estados de alerta e um de emergência. Em 1986, um de alerta".

O terceiro anúncio da série foi: "Bem-vindos de volta à Serra do Mar". Relacionando 46 espécies replantadas por técnicos do Instituto de Botânica de São Paulo, a peça saudava as plantas que voltavam a florescer na Serra do Mar.

Todas estas iniciativas visando o bem-estar da comunidade e sua adequada divulgação pela propaganda contribuíram para a modificação de atitudes negativas e para uma maior aceitação pública das indústrias. Principalmente no plano ecológico, que acarreta grandes repercussões em nível nacional e até internacional.

Sem dúvida, o problema da poluição ambiental aflige com grande intensidade a indústria petroquímica, o que é reconhecido em anúncio da Oxiteno, empresa presente em três pólos petroquímicos (*vide figura 4*): "A grande maioria das pessoas acredita que numa indústria petroquímica o que predomina são os lagos, rios e vegetação em estado de calamidade, o ar poluído e o ambiente barulhento".[9] Para influenciar a mudança desta atitude, a Oxiteno empreendeu campanha de propaganda com informações das condições de trabalho em suas unidades fabris, tais como o ótimo nível de qualidade do ar e o nível de ruído geral equivalente a um aparelho de ar condicionado. Ainda conforme o anúncio, "foi a segurança dos funcionários, os benefícios extensivos a seus familiares e a condição digna de trabalho, que ajudaram a Oxiteno a alcançar a posição em que está", de uma das maiores e mais importantes indústrias petroquímicas do país.

d) Informar os fornecedores para obter a sua cooperação

Cada vez mais, as empresas dependem de fornecedores para a obtenção de peças e componentes necessários à fabricação de um produto. A indústria automobilística brasileira, por exemplo, conta com cerca de 1.200 empresas fornecedoras de autopeças, acessórios e matéria-prima.

A dependência é um bom indicador da importância das boas relações entre indústria e fornecedor. Com este objetivo, a Editora Abril desenvolve programas voltados para a valorização dos seus fornecedores. Entre eles, a distinção àqueles que se destacam durante o ano pela qualidade, eficiência e pontualidade, do "Certificado de Fornecedor Passe Livre", garantindo aos escolhidos um atendimento preferencial na recepção de materiais.

A divulgação deste mérito, por meio da propaganda, torna público o reconhecimento da Editora Abril pelos seus fornecedores, estimulando ainda um espírito de sociedade, "de uma sociedade lucrativa entre negociantes, na qual vendedores e compradores se empenham em trabalhar juntos para produzir e distribuir mercadorias da mais alta qualidade, ao menor preço possível, para a satisfação de consumidores ulteriores."[10] É assim que o texto do anúncio (*vide figura 5*) contempla essa disposição:

"Este é o reconhecimento da Editora Abril aos nossos amigos fornecedores que, através de um trabalho de equipe, nos ajudam a manter o elevado padrão de produção gráfica e editorial que é o ponto de honra da Abril".[11]

ISTO É UMA DENÚNCIA SOBRE UMA DAS MAIORES INDÚSTRIAS PETROQUÍMICAS BRASILEIRAS.

Nível da qualidade do ar: ótima.
Nível de ruído geral: equivalente a um aparelho de ar condicionado.
Número de funcionários até 10/87: 929.

A grande maioria das pessoas acredita que numa indústria petroquímica o que predomina são os lagos, rios e vegetação em estado de calamidade, o ar poluído e o ambiente barulhento.

Quem se propuser a visitar a Oxiteno em qualquer um dos pólos petroquímicos brasileiros, pode voltar para casa acreditando que o impossível acontece.

Nem sempre àquilo que as más línguas falam, os bons ouvidos devem dar crédito.

A petroquímica, assim como outras ciências, tem uma imagem confusa para a maioria das pessoas. Talvez por isso, qualquer tipo de acidente ou incidente que acontece contra o meio ambiente ou o homem, faz com que as pessoas a critiquem, sem ter noção do que estão dizendo.

A Oxiteno se sente muito à vontade para tirar a máscara e revelar o que existe por trás dela: a mesma verdade.

A Oxiteno é uma das maiores e mais importantes indústrias petroquímicas do País. Produz milhares de toneladas de matérias-primas para as indústrias nacionais e do exterior. É uma das poucas a estar presente nos três pólos petroquímicos. E as condições de trabalho nas indústrias são demonstradas simplesmente com os números e dados do título deste anúncio.

Alguns números, como os de vendas, de exportação e de índices de crescimento, fazem qualquer empresa do mundo se sentir orgulhosa de divulgar. No entanto, a Oxiteno tem consciência de que a ciência petroquímica precisa mostrar ao público outros números.

Aqueles que fazem você acreditar nela como uma ciência produtiva, fundamental, em perfeito convívio com o meio ambiente, o homem e as suas necessidades.

Os números: 929 funcionários, sendo que 580 trabalham na área de produção e 347 nas áreas administrativas.

Só no ano de 1987, a Oxiteno exportou para mais de 30 países do mundo 58 mil toneladas de derivados do Óxido de Eteno. Outras 135 mil toneladas abasteceram o mercado interno brasileiro.

Quase 85 milhões de dólares estão sendo investidos na implantação da 3ª unidade industrial em Triunfo, no Rio Grande do Sul.

Todos esses números de pessoas e dados da vida da Oxiteno demonstram a complexa tecnologia hoje dominada, no Brasil, pela própria Oxiteno.

E foi sempre a segurança dos funcionários, os benefícios extensivos a seus familiares e a condição digna de trabalho, que ajudaram a Oxiteno a alcançar a posição em que está.

Sem mágoas pelas críticas infundadas, mas por uma simples questão de princípios, a Oxiteno, a petroquímica e a grande maioria das pessoas podem acreditar que a vida depende da ciência. E que a ciência, seja ela qual for, depende da vida.

◆ OXITENO
O maior risco não é viver com a química. É viver sem ela.

Figura 4

e) Estimular o interesse dos acionistas e obter sua compreensão e confiança

A Lei n° 6.404, de 1976, estabeleceu a obrigatoriedade da publicação, em um órgão oficial da União ou do Estado e em outro jornal de grande circulação, dos balanços, atas de convocação, editais etc., de empresas de sociedade anônima, de capital aberto ou não. Constituem estes anúncios a chamada *propaganda legal*, que permite principalmente ao pequeno acionista avaliar o desempenho e a saúde financeira das empresas, além de garantir uma maior segurança na administração de seus investimentos.

O diretor comercial de *O Estado de S. Paulo*, Francisco Mesquita Neto, acredita que "somente o seu melhor aproveitamento — com informações sobre o andamento da empresa, seus novos projetos, participação no mercado e sua contribuição social — pode fazer com que ela deixe de ser um custo obrigatório para se transformar em um investimento de propaganda."[12] Se era inicialmente encarada exclusivamente como uma obrigação legal, a publicação dos balancetes e avisos de distribuição de dividendos tornou-se uma oportunidade para a empresa estabelecer relações mais próximas com seus acionistas. Em jornais de grande circulação e revistas semanais de interesse geral já são freqüentes os anúncios de relatórios anuais das corporações de maior porte, que chegam a ocupar de duas a seis páginas.

Acompanhando esta nova tendência, o balanço do 1° semestre de 1988 do Grupo Financeiro BMC[13] destaca a escolha de uma das empresas do grupo — Banco Mercantil de Crédito S.A. — como o de melhor desempenho global entre todos os bancos em operação no Brasil (*vide figura 6*). O prestígio editorial de *Exame*, revista quinzenal de negócios que promove um balanço anual do setor financeiro e que indicou o Banco Mercantil de Crédito como o primeiro colocado em 1987, é um referencial positivo para estimular a satisfação dos acionistas pelos resultados financeiros demonstrados no balancete.

f) Conquistar a boa vontade dos moradores locais

Existe um interesse natural dos elementos de uma comunidade pelas empresas, que deve ser atendido por programas de Relações Públicas. Em nível local, o rádio e o jornal constituem veículos apropriados para a propaganda com o objetivo de informar a comunidade sobre as operações da empresa, seu papel na vida econômica da cidade e a promoção de serviços cívicos e projetos comunitários.

As empresas do ano.

Albert Frankenthal A. G.
ATB S/A Artefatos Técnicos de Borracha
B. Herzog Com. e Ind. S/A
Basf Brasileira S/A Indústrias Químicas
Battistella Ind. e Com. Ltda.
BTR Brasil Ltda.
Caravel Serviços de Containers Ltda.
Cascadura Industrial S/A
Champion Papel e Celulose Ltda.
Círculo do Livro S/A
Coan S/A Materiais Elétricos
Comfitas Com. de Fitas Ltda.
Companhia de Gás de São Paulo - Comgás
Companhia Ultragaz S/A
Condulli S/A Condutores Elétricos
Day Brasil Ltda.
Dr. Ing Rudolf Hell GMBH
Du Pont do Brasil S/A
Duagraf Imp. de Mat. Gráf. Ltda.
Eletropaulo Eletricidade de São Paulo S/A
Fanal Com. Derivados Petróleo Ltda.
Farminco Organização Farmacêutica Ltda.

Formagraf Ind. e Com. Ltda.
H.B. Fuller Brasil Ltda.
Globo Com. de Madeiras Ltda.
Guilherme J. Kohl S/A Materiais Elétricos
Habasit do Brasil Ind. Com. de Correias Ltda.
IBF Ind. Bras. de Filmes S/A
Ind. e Com. de Calçados Tejoflex Ltda.
Indústria Mecânica AS Ltda.
Indústrias Klabin de Papel e Celulose S/A
Indústrias Químicas Novidex
Irka Mat. para Contrução Ltda.
Irtog S/A Imp. Com. e Indústria
Kodak Bras. Com. Ind. Ltda. - Div. Artes Gráficas
Lazinho Transportes Ltda.
Lemac S/A Ind. Heliográfica
Man Roland Druckmaschinen A.G.
Mapro Revestimentos Têxteis Ltda.
MDC Max Dätwyller A.G.
Muller Martini A.G.
Nova Distribuidora Irmãos Reis S/A

Officine Meccaniche Giovanni Cerutti SPA
Pedro Favalle Filho
Petrobrás Distribuidora S/A
Plasco Ind. e Com. Ltda.
Platinum S/A
Probo Transportes Ltda.
Real Encomendas e Cargas Ltda.
Sabesp - Cia. de Saneamento Básico do Estado de São Paulo
Samab Comp. Ind. e Com. de Papel
Schenker do Brasil Transp. Internacionais Ltda.
SFM Irusa Salso Com. Ltda.
Shell Brasil S/A Petróleo
Silva & Molento Ltda.
Sussex Ind. e Comércio Ltda.
The Finnish Paper Mill's Association
Tipolino Artes Gráficas Ltda.
Transportadora Tresmaiense Ltda.
Typon S/A
Verniplast Envernizadora e Plastificadora Ltda.

A Editora Abril acaba de conferir a 61 empresas o Certificado de Fornecedor Passe Livre, válido para o próximo ano de 1989.

Destacando-se entre mais de 3.000 fornecedores da Divisão Gráfica da Editora Abril, pela qualidade, eficiência e pontualidade dos serviços prestados, estas empresas conquistaram o direito a um atendimento preferencial em nossa recepção de materiais.

Este é o reconhecimento da Editora Abril aos nossos amigos fornecedores que, através de um trabalho de equipe, nos ajudam a manter o elevado padrão de produção gráfica e editorial, que é o ponto de honra da Abril.

Figura 5

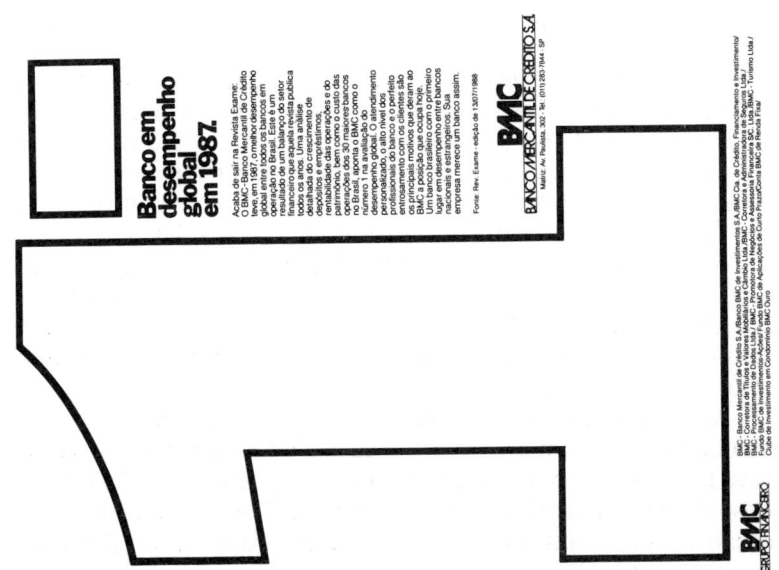

Figura 6

A preocupação com a comunidade mostra-se patente em uma iniciativa da Associação Nacional dos Funcionários do Banco do Brasil (ANABB) ao instalar, na agência de Caçador, Santa Catarina, um minibanco de sangue. O anúncio da ANABB (*vide figura 7*) explica ainda que "todos os funcionários maiores de 18 anos são cadastrados no hospital local fazendo doações quando necessário". Com isso, os funcionários do Banco do Brasil são "pessoas que participam da vida da comunidade procurando encontrar soluções para os seus problemas".[14]

A Bendix do Brasil, cuja unidade fabril está localizada na cidade de Campinas, São Paulo, comemorou seu aniversário veiculando anúncio onde enfatizou que "há 30 anos (...) vem crescendo com Campinas". Pela alta tecnologia da Bendix, seus produtos — sistemas de freios, fluidos e direção hidráulica — representam "um crescente sucesso acompanhando o desenvolvimento de Campinas".[15]

g) Criar uma atitude favorável por parte dos legisladores e funcionários do governo

As oportunidades para a propaganda de Relações Públicas neste campo, segundo Canfield, estão em "educar os eleitores relativamente aos problemas envolvidos em projetos de lei; (...) influenciar o eleitorado e, mediante ele, obter o apoio de legisladores nacionais e estrangeiros; (...) informar o público e obter o apoio dos congressistas."[16]

Um exemplo adequado da oportunidade de utilização da propaganda ocorreu com a interdição da matéria-prima para a produção de gelatina. Na exposição de motivos, o Ministério da Agricultura alegou a presença de cromo em índices superiores aos estabelecidos pela legislação federal, detectada em análise efetuada pela Delagacia Federal de Agricultura do Rio Grande do Sul.

A gelatina foi então retirada do mercado — por iniciativa dos próprios fabricantes —, tendo a seguir o Ministério da Saúde baixado a Portaria n? 011, de 15/05/1987, que esclareceu que o teor de cromo deveria ser avaliado na gelatina preparada para o consumo, e não no pó da gelatina.

Apesar da determinação federal, algumas autoridades estaduais e municipais insistiam na realização da análise e determinação da presença dos sais de cromo no pó de gelatina. Foi quando a Associação Brasileira das Indústrias de Alimentação (ABIA) denunciou esta situação através de anúncios em revistas e jornais de circulação nacional (*vide figura 8*) e lançou um apelo contra a intromissão de organismos estaduais e municipais, aos quais cabe exclusivamente fiscalizar o cumprimento da legislação federal, que é superior:

Funcionários do Banco do Brasil dão o sangue em outro banco. O banco de sangue.

Na agência do Banco do Brasil de Caçador, Santa Catarina, funciona um mini banco de sangue. Todos os funcionários maiores de 18 anos são cadastrados no hospital local fazendo doações quando necessário. Este é apenas mais um exemplo das ações de grande valor dos funcionários do Banco do Brasil. Como estes, existem mais de 140 mil em todo o Brasil, na ativa e aposentados. Pessoas que participam da vida da comunidade procurando encontrar soluções para os seus problemas. Pessoas que investem no homem e na sociedade.

ANABB
ASSOCIAÇÃO NACIONAL DOS FUNCIONARIOS DO BANCO DO BRASIL

AMIGOS DENTRO E FORA DO BANCO

Figura 7

95

Disputa de autoridade impede você de comer gelatina.

O cromo nos alimentos:
O cromo está presente no solo, na água, nos vegetais, nos animais e é indispensável ao bom funcionamento do organismo humano. Como elemento natural, ele não é adicionado a qualquer tipo de alimento, seja para colorir, conservar ou qualquer outro fim.

Nos Estados Unidos e na maioria dos países europeus não existe lei sobre limite de cromo em alimentos, à exceção da França, onde o limite para a gelatina é 100 vezes maior que o do Brasil.

Causa surpresa, no entanto, a discussão de critérios de avaliação da quantidade de cromo — se deve ser feita na gelatina em pó ou diluída — quando a questão maior deveria ser o porquê da existência desse limite.

Tudo começou no início de abril quando autoridades encontraram, em alguns lotes de gelatina, cromo acima dos índices estabelecidos pela legislação brasileira. O assunto tomou conta do noticiário.

E o cromo, até então um componente encontrado em quase todos os alimentos, passou a ser encarado como um agente estranho à formulação da gelatina.

Você ficou confuso.

Talvez porque nunca tenha ouvido falar que o cromo é um elemento natural, como o ferro e o cálcio, por exemplo.

Talvez porque pensasse, como muita gente, que o cromo era adicionado à gelatina pelos fabricantes.

Na verdade, o que aconteceu foi que um dos fornecedores produziu matéria-prima de forma irregular.

Diante disso e com base em decreto de 1965, que limita o teor de cromo em alimentos, o Ministério da Agricultura interditou a matéria-prima desse fornecedor.

Os fabricantes retiraram o produto do mercado e, a seguir, o Ministério da Saúde, fundamentado no parecer de uma equipe de técnicos, baixou a Portaria nº 011, de 15/05/87, que esclarece que o teor de cromo deve ser avaliado na gelatina pronta para você comer.

Acontece que algumas autoridades de saúde estaduais e municipais resolveram não acatar essa determinação federal e insistem, até hoje, que a análise deve ser feita no pó da gelatina.

Como se você e a sua família consumissem a sobremesa dessa maneira.

Aí você pergunta: quais os verdadeiros motivos ou interesse que estão por trás dessa disputa de autoridade?

A certeza que temos é que em nenhum momento os fabricantes de gelatina colocaram em risco a saúde da sua família.

Como você pode perceber, cromo nunca foi problema de saúde pública.

Você está sendo proibido de comer gelatina por outros motivos.

A competência para legislar sobre alimentos é atribuição do Governo Federal e deveria caber aos Estados a atividade específica de fiscalizar seu cumprimento.

Para isso, pedimos bom-senso às autoridades sanitárias estaduais e municipais, para que respeitem a seriedade com que produzimos o nosso produto e acabem de uma vez com essa divergência.

Para os fabricantes, que estão cumprindo a lei federal e observando toda segurança necessária, só uma pessoa tem o direito de decidir sobre o consumo da nossa gelatina: Você.

Associação Brasileira das Indústrias da Alimentação
Setor de pós para preparo de sobremesas.

Figura 8

"Para isso, pedimos bom senso às autoridades sanitárias estaduais e municipais, para que respeitem a seriedade com que produzimos o nosso produto e acabem de vez com essa divergência.

Para os fabricantes, que estão cumprindo a lei federal e observam toda segurança necessária, só uma pessoa tem o direito de decidir sobre o consumo de nossa gelatina: Você".[17]

Para a ABIA, a propaganda representou um canal de informação e esclarecimento da opinião pública. Depois, criou pressões para a mudança de posição por parte das autoridades sanitárias estaduais e municipais, com a suspensão das medidas contra a comercialização do produto.

h) Informar os distribuidores sobre as políticas e programas da companhia e obter a sua cooperação

As inúmeras revistas dirigidas aos atacadistas e varejistas são utilizadas comumente para veicular a propaganda e obter uma maior cooperação para os planos e políticas da empresa. Servem, também, para instruir os comerciantes de maneira prática nos arranjos e distribuição do espaço físico das lojas e sugerir políticas de crédito e métodos modernos de administração de estoques.

No anúncio veiculado em revista dirigida a empresas de supermercados (*vide figura 9*), a Ceras Johnson informou que "retirou (...) o clorofluorcarbono (CFC) de seus aerosóis, pelo perigo que este ingrediente pode causar à camada de ozônio da terra". E termina por tranqüilizar todos os seus distribuidores:

"Portanto, se você vende produtos com a marca Johnson, como Gleid, Pride, Protector ou Grand Prix, não precisa se preocupar. A Ceras Johnson há muito se preocupa por você".[18]

i) Informar os empregados e obter a sua cooperação

Quando a empresa dispõe de publicações internas, as informações são geralmente transmitidas na forma editorial. Para a propaganda utilizada nas relações com os empregados, os veículos adequados seriam os jornais da cidade, cujo uso será também positivo pela repercussão favorável que terá junto a outros públicos locais.

Também revistas de circulação nacional podem ser empregadas, se a mensagem receber uma abordagem mais geral. É o caso do anúncio publicado pela Citrosuco na *Veja* (*vide figura 10*), onde todas as suas realizações são creditadas principalmente ao público interno: diretores, técnicos, pesquisadores, cientistas, laboratoristas e operários.

AEROSOL QUE TEM ESTA MARCA NÃO ATACA A CAMADA DE OZÔNIO.

Há mais de dez anos a Ceras Johnson retirou, por ordem de seu Presidente Mundial Samuel C. Johnson, o clorofluorcarbono (CFC) de seus aerosóis, pelo perigo que este ingrediente pode causar à camada de ozônio da terra.

Desde então a Ceras Johnson, no mundo inteiro, só utiliza propelentes naturais, que não prejudicam a natureza.

Portanto, se você vende produtos com a marca Johnson, como Gleid, Pride, Protector ou Grand Prix, não precisa se preocupar. A Ceras Johnson há muito tempo já se preocupa por você.

&Johnson

CERAS JOHNSON. RESPEITO AO MEIO AMBIENTE E À SEGURANÇA DOS CONSUMIDORES.

Figura 9

Embora se deva reconhecer que a campanha não é dirigida especificamente ao seu público interno (e talvez por isso), a Citrosuco deverá obter resultados bastante abrangentes com a veiculação da peça. Por parte dos funcionários, a satisfação pelo reconhecimento de seu trabalho e participação no sucesso da empresa ("É com o fruto do trabalho desta gente que a Citrosuco tornou-se uma das maiores produtoras de suco concentrado do mundo."); por parte do público em geral, uma atitude positiva perante uma empresa que, no balanço de seus 25 anos de atividade, reconhece o esforço e dedicação de seus funcionários ("Citrosuco. 25 anos. Parabéns, para toda esta gente.").[19]

j) Servir os consumidores mediante informações úteis

As informações úteis veiculadas pela propaganda, além da utilidade em si, resultam em atitudes favoráveis do público para com a empresa. Os supermercados Pão de Açúcar veiculavam seus anúncios, em 1983, informando ao consumidor o estado dos hortigranjeiros e aconselhando a compra de frutas da época, por seu melhor preço. Com certeza, uma iniciativa que causava quedas nas vendas de alguns produtos em detrimento de outros nos seus estabelecimentos, mas que foi muito bem recebida pelo opinião pública.

A recente tendência de as empresas estabelecerem um canal de comunicação com os consumidores merece ser destacada. Na Nestlé, esta política nasceu há 28 anos, embora somente a partir de 1977 tenha se tornado mais abrangente, com a transformação de seu antigo Centro de Economia Doméstica em um Centro de Informação ao Consumidor.

O serviço da Nestlé usou como vias de comunicação o rótulo dos produtos, o correio, o telefone e, em certas circunstâncias, o atendimento pessoal. A propaganda só começou a ser empregada como canal de comunicação em 1981, pela Rhodia, com a campanha de cunho institucional, criada pela agência DPZ, para divulgar o Serviço de Valorização do Consumidor. O *slogan* da campanha — "Você fala, a Rhodia escuta" — sintetiza a filosofia do serviço, "que considera o consumidor como um peça importante na engrenagem da comercialização (...). (...) A comunicação direta (...), ao mesmo tempo em que atende e procura solucionar reclamações, ouve sugestões; com isto, a empresa se beneficia através deste sistema de troca de informações, corrigindo senões quanto ao uso do produto e, mesmo, enriquecendo seu manancial de idéias que podem gerar alterações nos produtos existentes ou, inclusive, a geração de novos. Isto sem falar no aumento de vendas que obteve."[20]

No Balanço dos seus 25 anos a Citrosuco apresenta o seu Produto Interno Bruto:

GENTE.

Sabemos que sem o esforço e dedicação de toda esta gente, não nos tornaríamos a primeira empresa brasileira a exportar a 1.000.000ªt. de suco de laranja a granel.

Sem esta gente, não produziríamos 210.000t. anuais de suco concentrado. Nem faríamos do bagaço da laranja o pellets, componente de ração para gado, o D'Limonene, aplicado na fabricação de solventes e tintas, bem como o melaço para a produção de álcool, numa iniciativa pioneira. E, ainda, não extrairíamos da concentração do suco as essências aromáticas e das cascas o óleo essencial, exportados para indústrias de alimentos, bebidas, cosméticos e perfumes, representando, tudo isto, 250.000t. de subprodutos.

Nem seria possível desenvolver um avançado processo tecnológico, muito menos exportar para 40 países nos 5 continentes.

É com esta gente: diretores, técnicos, pesquisadores, cientistas, laboratoristas, citricultores, agricultores, operários, enfim, todos que formamos o nosso Produto Interno Bruto de 15.000 funcionários e mais um sem-número de colaboradores.

É com o fruto do trabalho desta gente que a Citrosuco tornou-se uma das maiores produtoras de suco concentrado do mundo.

Citrosuco. 25 anos.

Parabéns, para toda esta gente.

CANJAC   TANJAC   LIMONJAL   [FANTI]

Figura 10

Outros serviços de informação ao consumidor têm sido divulgados mais recentemente pela propaganda, como os da companhia petrolífera Shell ("Shell responde"); da Sadia, fabricante de produtos frigorificados; e da Kibon, produtora de sorvetes industrializados. No texto do anúncio da Kibon (*vide figura 11*), a empresa manifestou sua vontade de ter um canal aberto com o consumidor:

> "A Kibon quer ouvir a sua voz. Mas para isso é preciso que você guarde os números do Telefone Amarelo: 572-1689 para a Grande São Paulo e (011) 800-1689 para quem estiver fora da cidade. As ligações interurbanas são pagas pela Kibon. Dê um alô para o Telefone Amarelo que a Kibon não vai deixar ninguém falando sozinho".[21]

1) Prestar serviço público

Conscientes de sua responsabilidade social, muitas empresas se valem da propaganda para a prestação de serviços públicos. A Companhia Paulista de Força e Luz tem orientado os consumidores, em campanhas regulares, a evitar o desperdício de energia elétrica. Embora algumas vezes as campanhas para redução de consumo de água e luz sejam motivadas pelas épocas de grande demanda, em outras revelam a preocupação das concessionárias em educar o consumidor e em prestar um serviço público.

Outra recente batalha, a que vem sendo travada na luta contra a AIDS, motivou a Rede Globo de Televisão a dispor de parcela considerável dos seus intervalos comerciais para transmitir mensagens informativas a respeito das formas de contágio e de prevenção da AIDS. Criados pela equipe da Central Globo de Comunicação, os anúncios tiveram seus custos de produção e veiculação assumidos pela própria emissora, que considerou a campanha uma obrigação dos veículos para com a sociedade e, por outro lado, de excelente retorno institucional.[22]

m) Obter o apoio da imprensa

O relacionamento com a imprensa é vital em qualquer programa de Relações Públicas. A propaganda pode contribuir para informar o profissional de jornalismo sobre as atividades da empresa, seus planos e problemas, conquistando a compreensão e o maior apoio da imprensa.

Uma publicação com a proposta de fazer notícia com a própria notícia é editada desde outubro de 1987 pela Feeling Editorial Limitada. Circulando entre jornalistas, empresários de comunicação, relações públicas, publicitários e assessores de imprensa, a nova re-

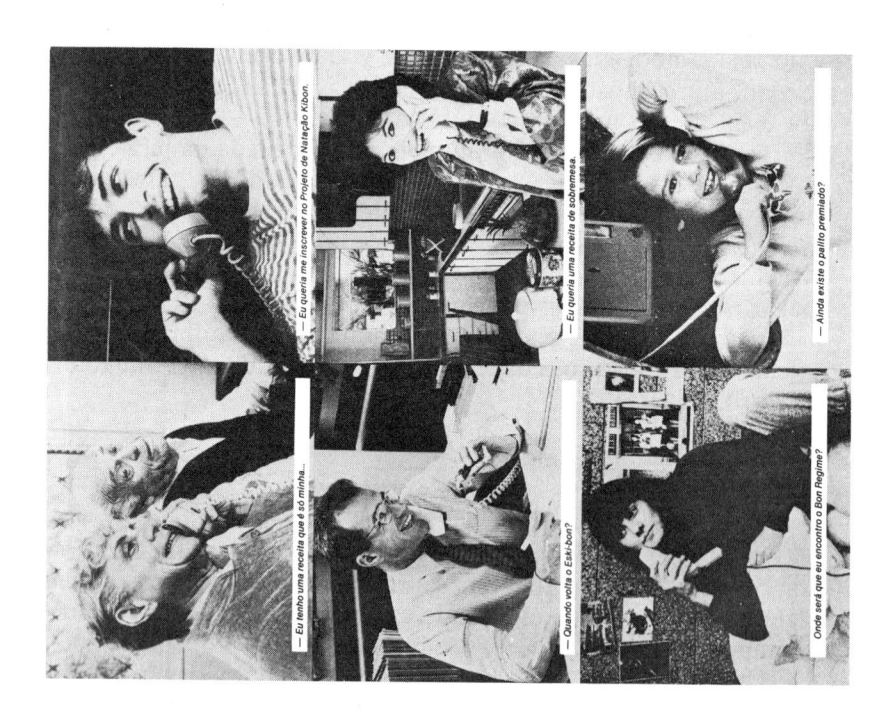

Figura 11

TUPY.
O papel de uma empresa aberta.

Uma empresa aberta é aquela que não se fecha em si mesma, mas abre canais de comunicação e de integração com a comunidade.

Que não apenas produz bens, mas igualmente bem-estar para os que dela dependem.

Que não se preocupa somente com a geração de novos negócios, para olhar também pela nova geração de brasileiros.

Que atua de acordo com a realidade do presente, mas sem esquecer as suas raízes e sem deixar de considerar as perspectivas do futuro.

Para a Tupy, uma empresa deve ser sempre aberta tanto à solidificação de valores quanto à difusão de idéias.

É por tudo isso que, para a Tupy, o papel de uma empresa aberta é também o papel de uma imprensa livre.

Grupo Empresarial
TUPY
Centro de Excelência

Figura 12

vista *Imprensa* é o veículo adequado para a propaganda de empresas que, segundo o seu diretor comercial, Sinval de Itacarambi Leão, "precisam se comunicar com o grupo formador de opinião pública nacional, o assim chamado quarto poder."[23]

O acerto da proposta editorial da revista — e também a confirmação da importância da veiculação de informação junto ao pessoal de imprensa — pode ser demonstrado com a citação de alguns dos anunciantes institucionais presentes em suas edições: General Motors do Brasil, Petrobrás, Ford, Hoechst do Brasil Química e Farmacêutica S.A., Volkswagen, Banco Meridional, Scania, Nestlé, Mercedes-Benz do Brasil S.A., Grupo Ticket Serviços, Grupo Odebrecht e Grupo Empresarial Tupy.

Destas empresas, o Grupo Empresarial Tupy publicou o anúncio que mais diretamente se relaciona com o público da revista, discorrendo sobre o papel de uma empresa aberta: é aquela "que abre canais de comunicação e de integração com a comunidade", que produz "bem-estar para os que dela dependem", e que olha "também pela nova geração de brasileiros". Enfim, conclui o anúncio (*vide figura 12*), "é por tudo isso que, para a Tupy, o papel de uma empresa aberta é também o papel de uma imprensa livre".[24]

n) Melhorar as relações trabalhistas

Nas negociações salariais, a propaganda de Relações Públicas tem sido cada vez mais empregada para informar à opinião pública as políticas salariais e trabalhistas da empresa, contribuindo para contrabalançar os possíveis excessos nas reivindicações dos empregados.

Por sua vez, também os sindicatos de trabalhadores fazem uso da propaganda para explicitar suas posições e impasses nas negociações, ou, como no caso da deflagração de uma greve no setor bancário ou de serviços públicos, comunicar antecipadamente a interrupção do atendimento à população e minimizar os possíveis efeitos do desgaste junto a ela.

NOTAS BIBLIOGRÁFICAS

1. GARBETT, Thomas F. *Corporate advertising*, p. 4
2. Consolidated Vultee Aircraft — "Os colossos que a Consolidated constróe!" *Seleções de Reader's Digest*, Nova York, nº 18, jul. 1943, p. 135. Figuram, nesta mesma edição em português da revista, empresas como a Ford Motor Company ("O dia de amanhã promete ser glorioso"), a Bell Aircraft Corporation ("O filho veloz da vitória"), a Allis-Chalmers — Divisão de Tratores ("Essenciais como aviões e artilharias"), a Standard Oil Company of Brazil ("Esta guerra talvez seja ganha pelos navios-tanques"), a Canetas Parker ("Até o alvor de um dia mais alegre..."), e a Evinrude Motores Amoníveis ("Depois da vitória... voltando às coisas boas da vida!").

3. Zenith — "S.O.S.". *Seleções do Reader's Digest*, Nova York, n? 18, jul. 1943, p. 154. Poucas empresas promoviam a venda de produtos de consumo. Neste número, estão presentes a Johnson & Johnson do Brasil (creme Pond's), a Carter's Ink Company (tinta Carter para canetas-tinteiro), a Schenley International Corporation (*whisky* Schenley), a Swift do Brasil (óleo de cozinha A Patrôa), as escovas de dentes Prophilac-tic, o creme dental e antisséptico bucal Listerine e o refrigerante Coca-Cola.

4. FLANAGAN, George A. *Modern institutional advertising*, p. 5-6. O autor relacionou as seguintes tarefas assumidas pela propaganda em Relações Públicas: "a) agir, se legal e permitido, para proteger os negócios da empresa quando ela está sob ataque político; b) adquirir uma imagem corporativa favorável com o propósito de vantagens no plano financeiro; c) retratar a empresa de uma maneira que seja mais fácil recrutar o pessoal desejado; d) em uma corporação com muitas divisões, conseguir uma unidade na identidade corporativa, tanto interna como externamente; e) usar a propaganda institucional como instrumento específico para dar assistência, em áreas especiais, aos esforços de venda da empresa; f) da parte de uma indústria, proteger-se das incursões competitivas de outra indústria ou indústrias."

5. Inbrac — "A Inbrac já conquistou o mundo. O espaço é só uma questão de tempo". *IstoÉ-Senhor*, São Paulo, n? 982, 11 jul. 1988, p. 107.

6. CANFIELD, Bertrand R. *Relações públicas*, v. 2, p. 553.

7. SBT — "Eles são vice. Nós também". *Senhor*, São Paulo, n? 350, 1? dez. 1987, p. 82-3.

8. Rede Globo de Televisão. "O povo não é bobo. Prefere a Rede Globo". *IstoÉ-Senhor*, São Paulo, n? 985, 1? ago. 1988, p. 35-7.

9. Oxiteno — "Isto é uma denúncia sobre uma das maiores indústrias petroquímicas brasileiras". *Exame*, São Paulo, n? 16, 10 ago. 1988, p. 93.

10. CANFIELD, Bertrand R., *op. cit.*, v. 1, p. 297.

11. Editora Abril — "As empresas do ano". *Veja*, São Paulo, n? 51, 21 dez. 1988, p. 98.

12. *Apud* FRANCO, Célio. Um rico filão: a propaganda legal. *Meio & Mensagem*, São Paulo, 8 set. 1988, p. 13.

13. Banco Mercantil de Crédito S.A. (BMC) — "1? banco em desempenho global em 1987". *Veja*, São Paulo, n? 32, 10 ag. 1988, p. 136-7.

14. Associação Nacional dos Funcionários do Banco do Brasil (ANABB) — "Funcionários do Banco do Brasil dão o sangue em outro banco. O banco de sangue". *IstoÉ-Senhor*, São Paulo, n? 982, 11 jul. 1988, p. 77.

15. Bendix do Brasil — "Tecnologia Bendix. Evoluindo sem parar". Secretaria de Defesa do Consumidor, Campinas, 1987, p. 39.

16. CANFIELD, Bertrand R., *op. cit.*, v. 2, p. 554.

17. Associação Brasileira das Indústrias de Alimentação (ABIA) — "Disputa de autoridades impede você de comer gelatina". *Veja*, São Paulo, n? 988, 12 ago. 1987, p. 44.

18. Ceras Johnson — "Aerosol que tem esta marca não ataca a camada de ozônio". *Superhiper*, São Paulo, n? 6, jun. 1988, p. 111.

19. Citrosuco — "No balanço dos seus 25 anos, a Citrosuco apresenta o seu produto interno bruto: gente". *Veja*, São Paulo, n? 49, 7 dez. 1988, p. 77.

20. GARCIA, Mauro Neves. O consumidor pergunta, o fabricante responde. *Marketing*, São Paulo, n? 115, maio 1983, p. 15.

21. Kibon — "A Kibon tem um telefone só para atender gente importante". *Veja*, São Paulo, n? 28, 13 jul. 1988, p. 10-1.

22. PACHECO, Odete. Veículos contribuem para a guerra contra a AIDS. *Meio & Mensagem*, São Paulo, 17 ago. 1987, p. 14.

23. O VEÍCULO para os formadores de opinião. *Meio & Mensagem*, São Paulo, 16 maio 1988, p. 16.

24. Grupo Empresarial Tupy — "Tupy. O papel de uma empresa aberta". *Imprensa*, São Paulo, n? 15, nov. 1988, p. 19.

105

Capítulo 6
AS FUNÇÕES DA PROPAGANDA
EM RELAÇÕES PÚBLICAS

A propaganda de Relações Públicas atua junto a empregados, acionistas, comunidade, fornecedores, distribuidores, representantes, governo, concorrentes, educadores, consumidores e público em geral. Neste sentido, os objetivos e propósitos que a propaganda assume no esforço de criar, manter ou aumentar a compreensão entre a empresa e seus diferentes públicos são inúmeros.

Flanagan acentuou que as tentativas de enumerar sistematicamente os usos e propósitos da propaganda em Relações Públicas podem surpreender pelo seu grande número e variedade, criando uma multiplicidade de tipos e classificações. Entretanto, assegura o autor, é possível agrupá-los, de maneira geral, tomando por base algumas funções básicas que a propaganda desempenha como instrumento de Relações Públicas.[1]

As categorias funcionais que identificamos têm limites que não podem ser determinados com precisão, em razão de os seus objetivos não serem mutuamente exclusivos. Assim, dentro dessa perspectiva, são cinco as grandes áreas funcionais, que examinaremos a seguir, onde a propaganda toma para si: 1) a função protetora; 2) a função de identidade; 3) a função institucional; 4) a função de serviço público; e 5) a função de estímulo à ação (ou de iniciação).

A PROPAGANDA COM FUNÇÃO PROTETORA

Dentre os diferentes papéis assumidos pelo Estado nas sociedades capitalistas modernas, Hymer apontou "a tarefa de coordenar o capitalismo em nível superior ao do mercado, a fim de reduzir a instabilidade e as perdas produzidas por uma concorrência não planejada."[2] Nesta tarefa, o Estado estabelece regulamentações, por força de suas políticas econômicas, que podem ser prejudiciais para o interesse das empresas e de suas operações industriais e comerciais. A propaganda pode, então, ser utilizada para esclarecer a opinião pública e, conseqüentemente, proteger a empresa das restrições oriundas das regulamentações governamentais, tanto de natureza econômica como política.

No final do século XIX, a legislação antitruste baixada pelo Congresso norte-americano pretendia coibir o monopólio exercido pelas grandes corporações americanas, que representavam uma perigosa concentração de poder econômico. A propaganda desempenhou um importante papel na defesa do ponto de vista destas corporações frente à opinião pública, nas décadas de 40 e 50 do nosso século, quando foram alvo de processos judiciais para o cumprimento das disposições da lei. Para exemplificar, tomemos de Flanagan o caso da Great Pacific & Pacific Tea Company. No processo instaurado pelo Departamento de Justiça se propugnava, como medidas antitrustes principais, a divisão da cadeia de 6 mil lojas da A&P em estabelecimentos com proprietários diversos e a separação das operações de manufatura das de compra e venda.

No período de uma semana, a companhia iniciou a veiculação de anúncios de página inteira em 2 mil jornais, com o intuito de proteger as operações de sua rede de varejo mediante a preservação da confiança do público na integridade da A&P. Toda a série de anúncios da campanha, veiculada por pouco mais de um ano, apresentava um tema básico: "Do you want your A&P put out of business?". Em seus subtítulos, o leitor era interrogado: "Do you want higher prices?", "Who will be hurt?". A resposta, apoiada nos argumentos factuais desenvolvidos no texto dos anúncios, completava-se com a proposição final: "If A&P is out of business, your food will cost more".

A campanha foi bem-sucedida em transmitir ao público um novo conceito de uma empresa preocupada em vender alimentos a preços reduzidos. E, naturalmente, por atingir os objetivos iniciais de proteção de seus negócios, pois a companhia não foi desmembrada. Para Flanagan, "a campanha da A&P demonstra o poder da propaganda em alcançar objetivos protetivos. Demonstra também que a chave para sua efetividade pode ser encontrada na sinceridade, objetividade e simplicidade da abordagem."[3]

Outra significativa atuação da propaganda de Relações Públicas ocorre na defesa dos princípios e benefícios do sistema econômico liberal. No Brasil, tais princípios são divulgados pelo Movimento Nacional pela Livre Iniciativa, com a colaboração de mais de uma centena de jornais e revistas de todo o país. Conceituando-se como "um empreendimento apolítico, apartidário, com fins não lucrativos, que defende e divulga os princípios constitucionais de liberdade de iniciativa e economia livre de mercado"[4], o Movimento Nacional pela Livre Iniciativa é coordenado pelo Conselho Nacional de Propaganda, tendo completado oito anos consecutivos nesta tarefa. Tem como premissa fundamental estabelecer uma relação de independência do povo para com o governo, pois, para o Movimento, cada reivindicação ou atribuição do povo para o governo significa mais impostos e a interferência do governo na sociedade.

A instalação da Assembléia Nacional Constituinte ensejou ao Movimento uma nova campanha visando defender os princípios de livre iniciativa (*vide figura 13*), estimulando o povo a debater as questões levantadas, tais como a ligação entre a política e a economia ("Não há liberdade política sem liberdade econômica")[5] e, ainda, a premissa de que sem liberdade econômica inexiste a liberdade do homem ("Sem liberdade econômica, a liberdade humana não se mantém de pé.").[6]

A função protetora manifesta-se não somente pelos antagonismos entre o governo e as empresas, mas também quando os políticos criam um clima desfavorável junto à opinião pública. Para as empresas, principalmente aquelas que estejam operando em contexto político adverso e até sob controle político, a propaganda de Relações Públicas é indispensável como instrumento para neutralizar ou combater os seus efeitos sobre a empresa e sua operações.

Nos debates travados na Assembléia Nacional Constituinte tiveram ampla repercussão as restrições levantadas pelos constituintes ao capital estrangeiro no Brasil, motivando a Confederação Nacional da Indústria, a Confederação Nacional do Comércio e a Federação das Indústrias do Estado de São Paulo a apoiarem uma campanha de esclarecimento em defesa das empresas de capital estrangeiro. Uma das peças mostrava a presença de produtos estrangeiros em diversos países do mundo (*vide figura 14*) e questionava:

> "O Brasil pode desprezar o capital estrangeiro, abrir mão do progresso que ele traz e dos empregos que cria? A resposta, a contribuição ao desenvolvimento brasileiro, os países e as empresas mais desenvolvidas do Mundo já deram".[7]

Não há liberdade política sem liberdade econômica.

Numa democracia, o povo, através de representantes eleitos - os constituintes -, estabelece um conjunto de normas que organizam o sistema de governo, definindo e limitando os poderes necessários à sua função e garantindo os direitos individuais. É a Constituição.

Os direitos e liberdades individuais representam desejos básicos do povo - princípios que somente podem ser oferecidos no sistema de Livre Iniciativa, pois nunca, na história do Homem, se viu uma sociedade de politicamente livre que não se baseasse num sistema econômico livre.

Para que o sistema de Livre Iniciativa se realize em sua plenitude, alcançando a eficiência maior, são necessárias cinco condições:

1. Propriedade privada - é o princípio básico da democracia, inerente à própria natureza da Livre Iniciativa e essencial à auto-sustentação do homem livre;

2. Liberdade econômica - sem ela não pode haver Livre Iniciativa, pois não haveria o direito de cada um dispor de suas propriedades conforme lhe convisesse;

3. Sistema livre de preços - os preços são estabelecidos conforme o livre jogo dos fatores de oferta e procura. De que vale existir propriedade privada e liberdade econômica se as transações não podem ser feitas de acordo com as necessidades de compradores e vendedores?

4. Lucro - é o motor da Livre Iniciativa, fornecendo incentivo para as pessoas trabalharem, produzirem, criarem, investirem. Sem a perspectiva de lucro, ninguém teria motivo para aplicar tempo e dinheiro num negócio, assumindo ainda o risco de fracassar.

5. Livre concorrência - é a livre concorrência que leva as empresas a procurarem sempre elevar sua qualidade e reduzir custos e preços para se desenvolverem e progredirem. Além de ser o fator de eficiência do sistema, a livre concorrência ampara e beneficia o consumidor.

Como você vê, a Livre Iniciativa não pode dispensar nenhum destes princípios. Você deseja que o Brasil seja um país livre, próspero e democrático, deve lutar por eles. A hora é agora, que a nova Constituição está sendo discutida. Participe dos debates, defendendo os princípios da Livre Iniciativa na nova Constituição brasileira. Você estará defendendo, assim, o seu direito de trabalhar, empreender, criar, produzir, determinar suas idéias políticas e religiosas, eleger seus governantes - o seu direito de ser livre.

O sistema de Livre Iniciativa é a base da democracia.

Contribuição ao debate da nova Constituição.

MOVIMENTO NACIONAL PELA LIVRE INICIATIVA.

Coordenação do Conselho Nacional de Propaganda e participação deste veículo de comunicação.

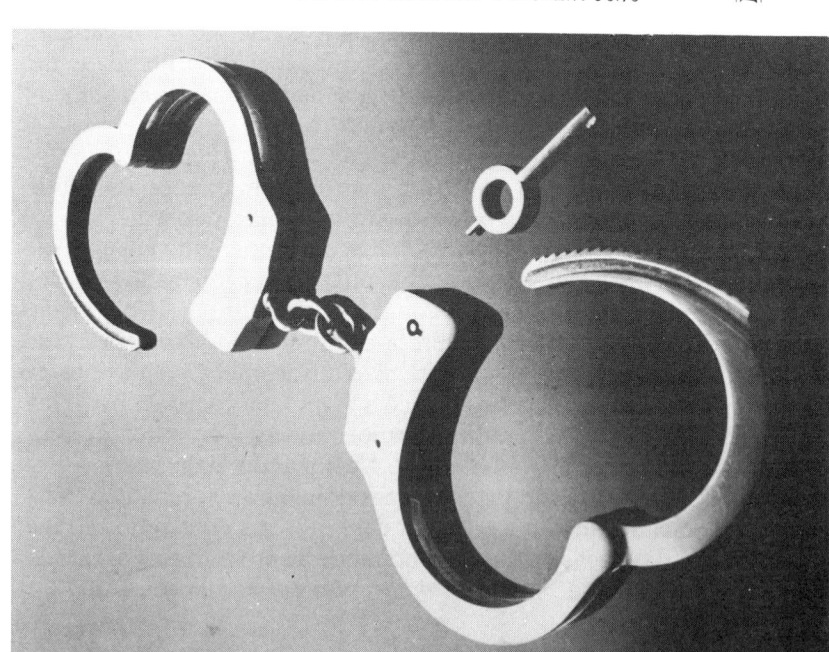

Figura 13

110

A atuação de empresas brasileiras em outros países — França, Iraque, Estados Unidos, Angola, Mônaco e Portugal — foi destacada em uma segunda peça da campanha, demonstrando a tendência de derrubar fronteiras e criar um mundo integrado pela economia. Frente às restrições propostas pela Constituinte, o anúncio revelava em seu texto:

> "É no mínimo contraditório ver o Brasil expandindo seus negócios lá fora, beneficiando-se dessa nova tendência e não a praticando aqui dentro. Como cidadão, você acha isso certo?"[8]

Dentro do clima desfavorável que se instaurou, talvez acirrado por posições nacionalistas extremamente hostis às multinacionais, um fabricante de cabos e pneus, de origem italiana, veiculou em anúncio de página dupla a sua "fórmula brasileira": a criação de tecnologia no próprio país em que está sediado, formando jovens cientistas com mentalidade de buscar e criar soluções próprias (*vide figura 15*). De uma maneira sutil, após inúmeras referências à sua participação como empresa líder de mercado e produtora de tecnologia, o texto conclui: "E, não havendo restrições, será também fundamental para construir o futuro".[9] Uma assertiva que, sem dúvida, procurou neutralizar a tendência considerada xenófoba da nova Constituição brasileira.

Propaganda para a administração de controvérsias

No desempenho de sua função protetora, as Relações Públicas se defrontam com situações ou fatos controvertidos, gerando polêmicas que, muitas vezes, são tornadas públicas pela cobertura dada pelos meios de comunicação. No Brasil, a propaganda que tem o propósito de esclarecer a opinião pública acerca das questões controversas de natureza política, econômica, social e ambiental, ainda não mereceu uma maior atenção.

Diferentemente de nosso país — onde não há uma denominação específica para a mesma[10] —, nos Estados Unidos são variados os estudos e inúmeras as denominações que recebeu: *advocacy advertising, adversary advertising, issue advertising* e *controversy advertising*. Sethi, por exemplo, dá preferência ao uso do termo *advocacy advertising*, que "está relacionando com a propagação de idéias ou a elucidação de questões sociais controversas, de interesse público, de maneira que sustentem a posição e interesses do patrocinador da causa, enquanto nega enfaticamente a precisão dos fatos levantados por outrem e diminui os oponentes."[11] Por sua vez,

No mundo dos negócios, o Mundo fica melhor quando não tem fronteiras.

INGLATERRA JAPÃO ÁFRICA DO SUL URSS

HONG-KONG CHINA EUA AUSTRÁLIA

Os países mais fechados do Mundo mudaram sua política com as empresas de capital estrangeiro, permitindo sua instalação desde que as leis de cada país sejam cumpridas à risca.

Na realidade, esses países descobriram que um bom negócio é bom em qualquer lugar do Mundo.

A experiência deu certa. No Mundo todo.

Nenhum desses países perdeu sua autonomia.

Muito pelo contrário. Essas empresas trouxeram capitais, novas tecnologias, mais empregos, formaram milhares de novos profissionais e colocaram à disposição dos mercados mundiais produtos de última geração.

Ao contrário de todo o Mundo, existe no Brasil uma tendência de aprovar, na Assembléia Constituinte, leis que visam a restringir os investimentos de empresas de capital estrangeiro no desenvolvimento nacional.

E como convidar o capital estrangeiro a sair do País ou não vir para cá, justamente no momento em que se fortalece em todo o Mundo a integração internacional.

O Brasil pode desprezar o capital estrangeiro, abrir mão do progresso que ele traz e dos empregos que cria? A resposta, a contribuição desse capital ao desenvolvimento brasileiro, os países e as empresas mais desenvolvidas do Mundo já deram.

CNI
CNC
FIESP

Figura 14

112

E xiste um componente fundamental que diferencia a Pirelli de outras empresas líderes de mercado. É que grande parte de seu avanço tecnológico é criado aqui mesmo, dentro do Brasil, pelos próprios brasileiros.

São milhões de dólares investidos em dois centros de pesquisa e desenvolvimento de cabos e pneus. Que, por sinal, estão entre os mais sofisticados do mundo.

Resolvemos os problemas daqui, ao mesmo tempo em que formamos jovens cientistas com uma nova mentalidade: buscar e criar soluções próprias. Isto é bom para a Pirelli, excelente para o Brasil.

E, não havendo restrições, será também fundamental para construir o futuro.

FÓRMULA BRASILEIRA

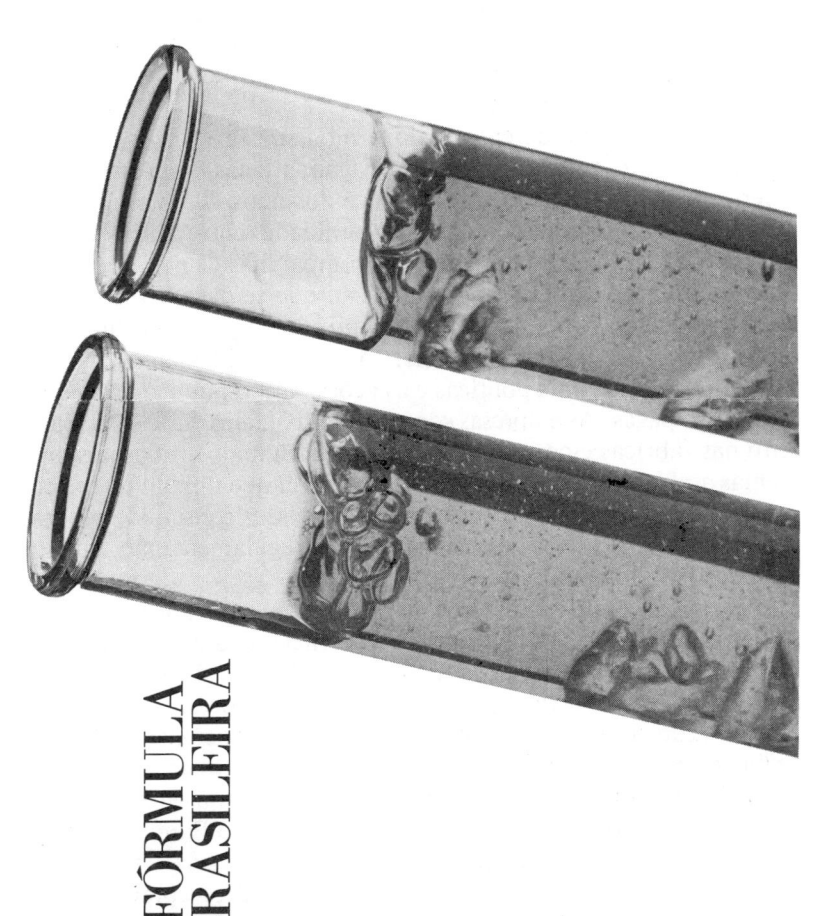

Figura 15

Stridsberg sugere a seguinte definição para *controversy advertising*: "Qualquer tipo de comunicação ou mensagem paga de uma fonte identificada e em um meio convencional de propaganda, que apresenta informação ou um ponto de vista sustentado frente a uma controvérsia reconhecida publicamente."[12]

Nas duas definições, a base está no reconhecimento da existência do aspecto controversial, sobre o qual a empresa é pressionada a se manifestar. Embora existam restrições no seu uso pelo caráter litigioso entre as partes envolvidas, esse tipo de propaganda tornouse necessário para a empresa em função da importância que tenham as questões para a mesma.

Garbett, um dos defensores do termo *issue advertising*, afirmou que a utilização desta forma de propaganda pelas empresas norte-americanas era muito esporádica antes dos anos 70. A situação se modifica em 1973, com o início das hostilidades entre árabes e israelitas. No intuito de se defenderem, as companhias de petróleo voltaram sua atenção para a propaganda, ao que se deve acrescentar a forte tendência verificada entre as empresas em geral por um novo espírito de responsabilidade social. Assim, complementa Garbett, "decidiu-se explicar as políticas e as ações para o público através de mensagens pagas. As empresas começaram a contar o que estava sendo feito nas fábricas e por quê. Elas se tornaram mais ligadas aos problemas ambientais. As empresas descobriram que tinham que se comunicar mais abertamente, não somente com seus consumidores, mas também com os órgãos governamentais de regulamentação, investidores e trabalhadores."[13]

No nosso país, coincidentemente, uma das polêmicas mais duradouras vai instalar-se tendo como referencial a saída brasileira para a crise do petróleo: o programa de substituição da gasolina pelo álcool como combustível para veículos automotores.

Nascido em 1975, o Proálcool — Programa Nacional do Álcool, tinha como propósito livrar o país do impacto provocado pelo aumento do petróleo, que, na década passada, passou de 3 dólares o barril para 38 dólares. Ainda segundo projeção do Banco Mundial, o preço do barril deveria chegar a 98 dólares.

Mas a previsão não se confirmou. Na verdade, a cotação do petróleo no mercado internacional sofreu uma queda nos últimos anos, sendo o barril do produto adquirido em 1988 pela Petrobrás por cerca de 15 dólares, enquanto o Proálcool foi dimensionado para se tornar rentável quando o preço do barril atingisse 40 dólares. Então, o que se tem é "uma estrutura agrícola montada para produzir quase 13 milhões de litros de álcool por ano e que custou aos cofres nacionais nada menos de 9 bilhões de dólares (...) e um excedente de gasolina da ordem de 7 bilhões de litros por ano, exportado pela Petrobrás a preços muito menores do que paga o consumidor doméstico pelo mesmo combustível."[14]

A polêmica mantém todos os implicados na questão — produtores de álcool, Petrobrás, indústrias e revendedores de automóveis — às voltas com divergências que têm por motivo as diferentes avaliações que a Petrobrás e os produtores de álcool fazem do futuro do petróleo no mundo. Para a Petrobrás, "os investimentos realizados desde o início da década de 70 e os que pretende fazer até 1997 serão suficientes para promover a auto-suficiência do país em petróleo. Nesse caso, o Proálcool seria um estorvo."[15] Por outro lado, os produtores de álcool acreditam que a produção brasileira de petróleo já entrou em declínio e que deverá haver um novo aumento de preços do produto no mercado mundial.

Diante deste quadro, a Sopral, uma sociedade formada por 140 produtores de álcool, tem patrocinado diversas campanhas de esclarecimento e defesa do Proálcool. No final de 1987, uma das peças (*vide figura 16*) destacava a independência que o Programa Nacional do Álcool propiciou ao país:

> "Antes, o Brasil tremia cada vez que havia uma crise do petróleo. Hoje, não treme mais. Porque o Brasil tem álcool e tem petróleo nacional. Nós produzimos 200.000 barris de álcool por dia, que abastecem mais de três milhões de veículos, ou seja, 35% da frota. Por isso, quando o assunto é petróleo do Oriente Médio, os aiatolás podem dar a última palavra.
> Mas quando se trata do álcool, a decisão é 100% brasileira".[16]

Na campanha veiculada mais recentemente, a temática continuou a girar em torno dos benefícios proporcionados pelo Proálcool, só que com um caráter mais informativo. A dimensão da oferta de empregos do Programa foi revelada em um dos anúncios a partir da informação categórica do título — "De cada 40 brasileiros, pelo menos um vive do Proálcool":

> "O álcool criou 800.000 empregos diretos com benefícios para 4 milhões de pessoas.
> Se somarmos todos os empregos gerados pela indústria automobilística, setores de papel e celulose, química, siderúrgica, fertilizantes e Petrobrás vai dar a metade dos empregos criados pelo Proálcool.
> O trabalhador do Proálcool está deixando de ser o bóia-fria, para ter uma atividade regular, com possibilidades de desenvolvimento profissional e ascensão social.
> Porque o trabalhador do álcool atualmente ganha tanto — ou até mais — que o trabalhador das cidades grandes.

Figura 16

Isto significa mais gente comprando, comendo bem, tendo assistência médica, casa para morar, escolas para estudar e mais saúde para viver — sem precisar sair do interior, onde nasceu e cresceu, para arriscar a vida na cidade grande, como candidato a mendigo, marginal ou favelado."[17]

A PROPAGANDA COM FUNÇÃO DE IDENTIDADE

No processo de formação da identidade da empresa intervêm diversos fatores. O primeiro é o efeito cumulativo da comunicação feita sobre os produtos e serviços que a empresa produz e comercializa. O segundo fator está na soma dos efeitos da comunicação espontânea e não controlável sobre as atividades da empresa e sobre os seus produtos. Finalmente, o terceiro fator na formação do reconhecimento para a empresa resulta dos esforços de propaganda tendentes a conferir uma identidade própria para a instituição e uma real personalidade organizacional, estabelecidas por meio de um conjunto de atributos baseados nos valores da tradição, experiência, dinamismo, profissionalismo, conhecimento, alta tecnologia, rapidez, simpatia, jovialidade, solidez, segurança, inovação, idealismo e eficiência. Estes valores, ao envolverem os nomes das organizações produtoras, determinam a ocorrência do fenômeno de *transferência de conceitos*, que é assim explicado por Torquato: "A exaltação, como discurso final, tende a cobrir, como um grande guarda-chuva, os produtos fabricados para o mercado."[18]

Por outro lado, a crescente urbanização do país está levando a uma necessidade cada vez maior de serviços. Diferentemente dos produtos, os serviços são bens intangíveis, que não apresentam aspectos concretos que possam ser percebidos pelos sentidos. Como conseqüência, Toledo apontou que "os compradores não são capazes de julgar o valor e a qualidade do serviço antes de efetuarem uma compra, o que torna a imagem e a reputação da empresa um elemento mais crítico no *marketing* de serviços."[19] Compreendendo esta necessidade, o Banco Boavista marcou em anúncio a sua identidade (*vide figura 17*), construída com base em ser "um banco de qualidade, com novas idéias, antigos ideais e muito calor humano".[20]

Em seu sentido mais amplo, "a identidade corporativa refere-se aos valores básicos e às características atribuídas a uma corporação pelos seus membros, públicos internos e externos."[21] Tais valores, no plano visual, são operacionalizados pela área de Identidade Visual, que transforma todos os elementos da cultura organizacional em *outputs* prontos para serem consumidos pelos diferentes públicos da empresa.

Banco Boavista.
Um banco de qualidade,
com novas idéias, antigos ideais
e muito calor humano.

Banco Boavista
Novas idéias. Antigos ideais.

Caio

Figura 17

"Este programa será direcionado para toda a área impressa da organização, incluindo os formulários, entrando pelo circuito das embalagens e rótulos dos produtos, a sinalização dos serviços e chegando até a arquitetura do meio ambiente, com a criação de módulos, sistemas, *kits*, enfim, um suporte técnico que integre o meio à identidade que se decidiu comunicar."[22]

Na propaganda, estes valores e características são trabalhados pelo que tem sido chamado, nos Estados Unidos, de *corporate identity advertising*. O termo é aplicado a um tipo de propaganda cujo principal propósito é o de construir o reconhecimento básico, a consciência de uma personalidade organizacional e a sua identidade perante todos os públicos da empresa. Ela também pode ser empregada, com grandes vantagens, pelas pequenas empresas, como um primeiro passo para o crescimento dos negócios, colocando a companhia no circuito comercial e ampliando seu círculo de clientes e consumidores potenciais. Um nome conhecido, enfim, inspira confiança, atrai novos clientes e torna as vendas mais fáceis.

Para a empresa conhecida em um determinado setor de negócios e que — ao diversificar suas atividades — decide difundir uma personalidade organizacional, o estabelecimento de uma identidade corporativa é de grande valor. Utilizando a propaganda com tal propósito, a Ticket Restaurante informou em anúncio recente fazer parte do Grupo Ticket Serviços (*vide figura 18*), "uma organização cuja finalidade é melhorar a qualidade de vida, as condições de trabalho e a capacidade dos trabalhadores para produzirem mais e melhor, oferecendo serviços úteis e modernos às empresas clientes"[23], através de suas nove divisões operacionais.

Ainda no caso de organizações que trabalham em áreas diversificadas e com variadas unidades ou divisões, os programas de identidade corporativa proporcionam a criação de uma identidade corporativa única, sob a qual estarão abrigadas todas as suas múltiplas divisões. Esta intenção pode ser detectada em anúncio publicado pela Italmagnésio, que enfeixa todas as 17 empresas em uma única corporação, o Grupo Italmagnésio, voltado para a produção de ferroligas, componentes automobilísticos, agroindústria, pecuária, reflorestamento, carvoejamento, mineração, transportes aéreos e terrestres, agenciamento marítimo, prestação de serviços de engenharia, mecânica e hidroelétrica.[24] A unidade corporativa traz vantagens consideráveis, pois todos os esforços estarão concentrados em um único objetivo: identificar a organização com maior precisão e associar suas inúmeras divisões com a entidade corporativa. E, no caso de fabricantes de produtos de consumo, uma vantagem adicional pode ser lembrada: especialistas em *marketing* já perceberam "o valor da

Figura 18

identidade corporativa como um meio de reforçar produtos fracos e, particularmente, como uma catapulta para lançar novos produtos."[25]

Outra aplicação pertinente da propaganda de identidade corporativa ocorreu na indústria de confecção. Inicialmente uma mistura de pequenas unidades fabris com alto nível de especialização — e muito sujeitas a instabilidades — as operações deste setor apoiavam-se com muita força nos contatos pessoais. Como era difícil encontrar uma base econômica para a propaganda, toda a indústria permanecia praticamente anônima.

O elevado nível de crescimento do setor de confecção vai, então, acarretar mudanças nas práticas tradicionais. As pequenas unidades, através de fusões, foram transformando-se em grandes corporações, ávidas por mercados mais amplos, graças ao desenvolvimento das novas fibras sintéticas, que modificaram os processos técnicos de fabricação e revolucionaram os métodos industriais e de comercialização.

No campo da publicidade comercial, a indústria de confecção sempre experimentou dificuldades em vender um produto que pode, de maneira totalmente imprevisível, ser um sucesso ou um fracasso instantâneo. Caso se torne um sucesso, seu ciclo de vida estará limitado pela mudança de estação (primavera, verão, outono, inverno) ou pela permanência de um estilo, extremamente vulnerável ao modismo passageiro. Para Flanagan, este contexto levou a indústria na direção de uma propaganda de natureza institucional, que dá ao fabricante um nome, uma identidade permanente.[26] Foi, podemos depreender, o que ocorreu com a Yves Saint Laurent, Pierre Cardin e Calvin Klein, empresas que desfrutam de uma forte identidade construída pela propaganda, e cujas marcas endossam confecções masculinas e femininas, calçados e acessórios, que são fabricados, na verdade, por indústrias por elas licenciadas.

Os programas de identidade corporativa podem, também, estar concentrados na construção de uma reputação de prestígio para as empresas. A Edradour, destilaria da Escócia, desenvolveu em anúncio um conceito de exclusividade para o uísque House of Lords (*vide figura 19*) que resulta em prestígio para o produto e seu fabricante. Fornecedora exclusiva da Câmara dos Lordes, a empresa recebeu, no começo do século, um brasão de armas próprio, o que o anúncio destaca como elemento de prestígio para a destilaria.[27]

Esta forma de propaganda recebeu a denominação de *propaganda corporativa de prestígio* (*corporate prestige advertising*), tendo validade e utilidade para a consecução dos propósitos de Relações Públicas junto a determinados públicos frente a certas circunstân-

Figura 19

cias. Flanagan apontou três situações que, estando presentes isoladamente ou em conjunto, garantem uma maior efetividade de resultados:

"1. A natureza do produto não permite ao consumidor avaliá-lo por si mesmo, precisando confiar na reputação do fabricante.
2. A natureza do negócio não permite ao fabricante anunciar seus produtos sem restrições legais e éticas (o que se aplica aos produtos farmacêuticos).
3. A empresa já possui uma excelente reputação em seu campo e vai procurar proteger sua posição."[28]

Por sua natureza, a propaganda com o propósito de granjear prestígio para a empresa pode atuar junto a diferentes públicos, ao mesmo tempo. Ou seja, quando a propaganda constrói uma identidade de prestígio entre os consumidores, poderá estar atingindo, ao mesmo tempo, os fornecedores, os distribuidores, a comunidade financeira etc. Ainda em certas condições, pode ser desenvolvida simultaneamente com a publicidade comercial. Esta opção foi feita pelo jornal *O Estado de S. Paulo*, que colheu testemunhos dos melhores profissionais de jornalismo do mundo, posteriormente editados em três filmes para a televisão de 45 segundos cada.[29] Enquanto os comerciais davam uma indicação de prestígio do jornal, colocados pelos depoentes no mesmo nível do *The Times* (Inglaterra), do *The Washington Post* (Estados Unidos) e do *Le Figaro* (França), uma campanha integrada promovia a venda de assinaturas, na Grande São Paulo e no interior do Estado, pelo telefone ou pelo envio de cupom existente no anúncio. A grande força da temática trabalhada na campanha de propaganda ensejou um desdobramento (*vide figura 20*), com um dos anúncios enfatizando o compromisso do jornal com a verdade e em favor dos valores democráticos. "Um trabalho" — afirma o texto — "pra toda hora, pra todo mundo e pra toda vida".[30]

A PROPAGANDA COM FUNÇÃO INSTITUCIONAL

O termo *institucional* não mereceu ainda, por parte dos estudiosos, uma maior precisão conceitual. Muitos supõem que ele se refira a uma espécie de propaganda diferente daquela de vender um produto ou serviço, o que é extremamente genérico. Para outros, a palavra tem relação com "instituição", significando mais propriamente "empresa", embora o sentido em que é aplicada não esteja claro. Reconheceremos a função institucional, todavia, em toda a propaganda de Relações Públicas que assume como propósito básico pro-

Figura 20

mover a aceitação da empresa como instituição pública. Em sociedades como a brasileira, que atravessa crescentes transformações sociais e o recrudescimento dos movimentos sociais, aliado ao quadro ideologicamente hostil da opinião pública para a empresa privada como instituição, tornou-se necessário para a empresa moderna justificar sua ação e significado social.

Na propaganda com função institucional, os fatos e as informações focalizadas pelos anúncios foram minuciosamente relacionados por Canfield.[31] De uma maneira geral, tais anúncios contam a história da empresa (ver, na *figura 21*, o anúncio do *Jornal do Comércio*, que aborda sua fundação e os principais colaboradores[32]) e apresentam dados sobre as fábricas e as filiais, o pessoal e as relações trabalhistas, as políticas de administração e os métodos de distribuição. Informam, ainda, sobre os produtos fabricados, a estrutura do capital da empresa, os investimentos em pesquisa e desenvolvimento de novos produtos, a responsabilidade social da empresa para com o bem-estar da comunidade, os volumes de venda, a posição da concorrência e os serviços prestados aos consumidores.

A legitimação das empresas multinacionais

De um ponto de vista localizado, o problema da aceitação da empresa revela-se vital no processo de legitimação que as multinacionais enfrentam nos países em que atuam. Do grande rol de acusações que são levantadas contra a sua atuação, podemos lembrar as mais freqüentes: o empobrecimento causado aos países que as recebem, a concorrência desleal com as indústrias nacionais, a sonegação de impostos e o envio de divisas para o exterior, a ameaça à soberania nacional e aos interesses dos países-anfitriões. Para estabelecer sua legitimidade, as multinacionais agem retoricamente, ou nas palavras de Halliday, comunicam-se "de maneira a construir com palavras e outros símbolos uma realidade dentro da qual os outros vejam as coisas como gostaríamos que eles a vissem. Descrever, explicar, justificar, são maneiras pelas quais os indivíduos e organizações agem retoricamente."[33]

A IBM Brasil, ao completar 70 anos no país, dedicou todos os seus esforços "a um maravilhoso espetáculo chamado gente". Uma tentativa de tornar-se *persona grata*, credenciando-se pelas realizações em prol da gente brasileira (*vide figura 22*): "a formação de técnicos brasileiros com treinamento aqui e no exterior; (...) a parceria com a comunidade científica brasileira no campo social; (...) programas ligados a instituições de caridade, associações comunitárias, fundações, hospitais e entidades de reabilitação de excepcionais'';

Poucos jornais do mundo poderiam assinar este anúncio.

Dos pioneiros da imprensa mundial, raros sobreviveram para contar sua história. Um desses sobreviventes é o Jornal do Commercio do Rio de Janeiro.

Tudo começou com um francês chamado Pierre Plancher. Monsieur Pierre amava as artes gráficas, em que era mestre, tinha idéias liberais e um certo gosto pela aventura. Na França de 1824, ao sentir que o governo de Luís XVIII restringia suas atividades e liberdade de expressão, prevaleceu nele o espírito de aventura: viajou para um país distante chamado Brasil.

Três anos depois, em 1º de outubro de 1827, Pierre Plancher escrevia seu nome na história da imprensa brasileira: fundava no Rio o Jornal do Commercio.

No ano seguinte, o inquieto francês já levantava o seu jornal, como uma barricada, em favor da campanha de Evaristo da Veiga pela abdicação de D. Pedro I.

Em 1830, com a queda de Carlos X, a liberdade de imprensa voltou à França. Pierre Plancher voltou a Paris. E o Jornal do Commercio continuaria, com os ideais de Monsieur Pierre, a escrever uma história que hoje tem mais de 50.000 capítulos diários, ininterruptos.

Em suas páginas, nesses 160 anos, estão registrados muitos momentos da história da inteligência do país.

Foi nelas onde o Visconde do Rio Branco escreveu as antológicas *Cartas do Amigo Ausente*.

José de Alencar fez política e romantismo.

D. Pedro II, sob pseudônimo, pôs em letra de fôrma suas veleidades literárias.

Joaquim Nabuco empolgou leitores com o poder do seu verbo e suas idéias libertárias.

D'além-mar, Guerra Junqueiro enviou versos de fogo e paixão.

Rui Barbosa, que comparou a sobriedade do jornal à do *Times* londrino, fez dele uma tribuna em defesa de Dreyfus.

Que outro jornal brasileiro reuniu, além desses nomes ilustres, colaboradores como Carlos de Laet, Francisco Otaviano, José Veríssimo, Visconde de Taunay, Alcindo Guanabara, Araripe Júnior, Afonso Celso, Félix Pacheco, Elmano Cardim, José Carlos Rodrigues, San Thiago Dantas?

Nenhum.

Na década de 60, um fenômeno chamado Assis Chateaubriand integrava o Jornal do Commercio à sua organização; à época, a mais importante rede de imprensa falada e escrita da América Latina.

A história continua. À maneira do espetáculo, o jornal não pode parar. Nem mesmo nas comemorações do seu 160º aniversário.

Hoje, a história desses 160 anos, que se integra à própria História do Brasil, é que norteia os novos rumos do Jornal do Commercio.

Do pioneirismo de Pierre Plancher aos mais modernos e sofisticados processos de composição e impressão, dos ensaios românticos à Alencar ao jornalismo altamente especializado, o Jornal do Commercio vai partir para os próximos 160 anos.

Poucos, como ele, vão sobreviver para contar esses novos e emocionantes capítulos.

Figura 21

o incentivo para "a dança, as artes plásticas e os esportes na área estudantil de 1º e 2º graus", entre outros. Para a empresa, "tudo isso é sinônimo de compromisso. Com o país. Respeitando o passado e acreditando no futuro, a IBM Brasil está investindo sempre num maravilhoso espetáculo chamado gente".[34]

Outras formas de solução do problema retórico presente nas mensagens institucionais — e que Halliday inclui em um grupo denominado "apresentação de credenciais" — são a *identificação* da empresa no universo das experiências simbólicas de seus interlocutores (o nome é uma força simbólica que diferencia uma empresa das demais: é a IBM Brasil, por exemplo); o *status* de uma organização, que tem uma força legitimadora na medida em que a destaca das demais ("O mais antigo grupo empresarial da Coréia" é como se apresenta a Samsung, a ICI se autodenomina "a maior empresa química da Europa"); a *capacidade* da organização, que é legitimadora porque indica a medida em que ela pode ser útil para seus clientes e para a sociedade como um todo ("...a Bayer conta que está ajudando a combater a fome no mundo, ao criar produtos que protegem colheitas"); as *opiniões* expressas pela empresa, que a legitimam como alguém que sabe o que está dizendo, e, portanto, tornam a organização digna de confiança (a Sumitomo acha que "os sonhos podem tornar-se realidade", enquanto a Hoechst acredita que "o futuro é apaixonante..."); os *sentimentos*, que servem para as multinacionais mostrarem que têm coração, contribuindo assim para sua legitimação pelo toque de humanidade que emprestam à organização ("A companhia sueca ASEA sente orgulho, a Volvo, a Honda e a Valmet sentem fé no Brasil"); os *objetivos* declarados para as suas atividades no país, que contribuem para o processo de legitimação porque são justificativas socialmente aceitáveis para a sua existência.[35]

Um segundo grupo de elementos usados no discurso retórico — ao qual Halliday denominou "alegações cativantes"[36] — é constituído pelas afirmações da competência empresarial das multinacionais; pela capacidade de ajudar e contribuir na consecução de objetivos individuais, comunitários e nacionais; pelo idealismo no trabalho visando o bem-estar e a felicidade da humanidade; e pela profunda identificação da organização com os gostos, causas e interesses do país anfitrião.

Por fim, o terceiro grupo encontrado no discurso das multinacionais é o de "apelos", de ordem emocional — os mais freqüentes —, e também racionais, com a apresentação de provas que os tornam intelectualmente aceitáveis. A autora identificou neste grupo as promessas de segurança (a Honeywell garante: "Conosco, você está seguro"); a invocação dos ideais de prosperidade, progresso, paz e

Figura 22

confiança em um mundo melhor; o apelo para o orgulho nacional (a Johnson & Johnson diz que sempre acreditou em três coisas: "Pesquisa, Desenvolvimento e Brasil"); e o aceno de vantagens para o país (a Massey-Fergunson promete trazer para o Brasil as vantagens de "uma agricultura mecanizada, com mais benefícios para quem planta e para quem consome").[37]

A PROPAGANDA COM FUNÇÃO DE SERVIÇO PÚBLICO

A função de serviço público é desempenhada pela propaganda quando ela está dedicada a um serviço de utilidade pública, como as campanhas que informam e prestam esclarecimentos sobre acidentes de trânsito, os malefícios do uso de tóxicos, a prevenção da AIDS, entre outros temas de interesse. A motivação para o desenvolvimento destas campanhas não é exclusivamente de caráter altruísta, pois algumas trazem resultados comerciais para os seus promotores. É o caso da Porto Seguro — Companhia de Seguros Gerais, que veiculou em 1989 uma campanha de alerta para a segurança no trânsito, enfatizando a necessidade de fazer vistorias periódicas nos automóveis. A empresa não ocultou que, entre seus objetivos, estava o de aumentar o número de segurados: "(...) apenas 35% dos carros que circulam na Grande São Paulo têm seguro. No país, são 2,5 milhões de veículos segurados, sendo que a frota nacional é seis vezes maior".[38] Entretanto, mesmo se parecer que uma empresa não terá nenhum retorno comercial, o anunciante irá, com certeza, obter o reconhecimento e a simpatia do público em geral, que poderá traduzir-se em um aumento de vendas.

Em um sentido amplo, as informações sobre as iniciativas comunitárias (a exemplo da conservação de ruas, parques e jardins) e os projetos esportivos e culturais promovidos ou patrocinados por uma empresa (como a tradicional Bienal Nestlé de Literatura Brasileira e o recente Projeto Mesbla de Natação) podem ser veiculados pela propaganda. Todas estas iniciativas — explicou Penteado — são fatos ou ações geradoras de comunicação, uma versão do fato a ser produzida pela propaganda e capitalizada em favor da empresa ou instituição que as patrocine.[39] Assim, ao ganhar um prêmio da APCA — Associação Paulista de Críticos de Artes, a Clock, fabricante de panelas de pressão, aproveitou para informar em anúncio (*vide figura 23*) seus projetos de incentivo à cultura e ao esporte:

"Para isso, a Clock tem um Departamento Cultural, dirigido pela pianista Eny da Rocha, que patrocina a música, o teatro, as artes plásticas e a literatura, e que estimula a vocação artística de seus funcionários através de um coral que já conta com 50 vozes.

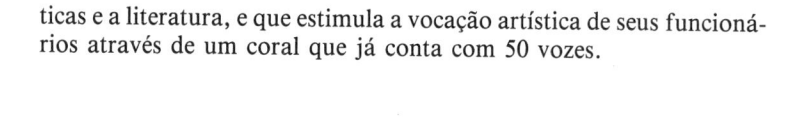

Agora, (...) a Clock também resolveu apoiar os atletas, criando assim um Departamento de Esportes, que já patrocina dois praticantes de asa delta, dois corredores e um time de futebol''.[40]

As empresas podem ver-se limitadas em sua vontade de servir melhor a sociedade pela obrigação institucional de produzir o lucro e, na realidade brasileira entremeada de crises, pelos constantes esforços no sentido da recuperação de sua economia. Se a sociedade, contudo, pleiteia um interesse maior da empresa por suas necessidades, as ações culturais, esportivas, comunitárias e sociais constituem uma resposta que propicia vantagens consideráveis para a sociedade e para a empresa.

A PROPAGANDA COM FUNÇÃO DE ESTÍMULO À AÇÃO

Em determinadas circunstâncias, a propaganda tem sido empregada em Relações Públicas como um instrumento de mobilização popular, estimulando ou conduzindo a opinião pública, com o propósito de forçar uma mudança concreta nas práticas industriais e comerciais que afetam a empresa e seus públicos. Pode, também, ser utilizada por grupos de cidadãos para protestar e tentar influenciar medidas e iniciativas por parte do governo, bem como apressar ou se opor à aprovação de leis.[41]

Uma campanha bem-sucedida em acionar o poder público foi desenvolvida, em 1980, pela agência paulista GTM&C, para os moradores da Granja Viana, situada no quilômetro 24 da Rodovia Raposo Tavares-BR 270 (entre São Paulo e o município de Cotia). Todo dia, 1.500 crianças corriam o risco de serem atropeladas ao atravessar a estrada para ir à escola, pela falta de uma passarela no local.

O primeiro anúncio, publicado nos jornais *Diário Popular* e *O Estado de S. Paulo*, fazia um convite intrigante: "Assista aqui, diariamente, o emocionante jogo da morte" (*sic*). O texto detalhava o problema e era acompanhado com uma foto tirada no próprio local, mostrando a perigosa travessia da estrada pelas crianças. Dias depois, o então secretário de Transportes do Governo do Estado de São Paulo, Leon Alexandr, visitou o local e prometeu a construção da passarela. Com a mudança do titular da Secretaria, a GTM&C

A Clock está regendo com talento a cultura e o esporte.

Panela não é a única coisa que faz parte da vida da Clock. Ela também gosta de incentivar o talento dos outros.

Para isso, a Clock tem um Departamento Cultural, dirigido pela pianista Eny da Rocha, que patrocina a música, o teatro, as artes plásticas e a literatura, e que estimula a vocação artística de seus funcionários através de um coral que já conta com 50 vozes. E este trabalho de apoio à cultura é tão sério que acabou ganhando, nesse ano, um importante prêmio da APCA - Associação Paulista de Críticos de Artes.

Agora, animada com este grande sucesso, a Clock também resolveu apoiar os atletas, criando assim um Departamento de Esportes, que já patrocina dois praticantes de asa delta, dois corredores e um time de futebol. Além de organizar para os seus trabalhadores um completo Departamento Social.

Investir em outros departamentos é para a Clock tão importante quanto produzir as melhores panelas. Porque ela acha que cultura, esporte e lazer são gostosos temperos da vida.

PANELA DE PRESSÃO

clock®

Figura 23

O TrapaLeão.

DIGA NÃO AO LEÃO

Com as devidas desculpas aos simpáticos Didi, Dedé, Mussum e Zacarias, você não pode deixar passar em branco as trapaleadas que o TrapaLeão quer fazer na sua vida.

Escreva para o Jornal da Tarde, av. Engenheiro Caetano Álvares, 55 - CEP 02598, dizendo que você não está achando a menor graça. Ou escreva o seu nome no gigantesco abaixo-assinado nas nossas kombis, protestando contra essa incrível palhaçada.

O Dono do Circo precisa saber que as gerais, as arquibancadas, as numeradas e até os camarotes estão vaiando.

E que está na hora de colocar no lugar desse TrapaLeão alguma coisa mais séria.

jornal da tarde

Figura 24

alertou o novo secretário, José Maria Siqueira de Barros, por meio de um anúncio que reproduzia o primeiro e perguntava: "Dr. José Maria Siqueira de Barros: o senhor já tinha lido este anúncio?". Finalmente, a promessa da construção da passarela veio a se concretizar depois do terceiro anúncio da série, que também reproduzia os dois anteriores e novamente perguntava ao secretário de Transportes: "E agora, José?".[42]

Mais recentemente, o *Jornal da Tarde* veiculou em suas páginas a campanha "Diga não ao Leão", patrocinando uma causa cujo propósito era mobilizar a população no sentido de exercer uma pressão junto ao governo, reivindicando mudanças nas regras de tributação do Imposto sobre a Renda. Nas simulações efetuadas, a carga tributária mostrou-se extremamente alta em 1987, indo comprometer expressivo percentual do salário do contribuinte com rendimento mensal entre 10 e 20 salários mínimos com o pagamento do imposto. Durante trinta dias, uma série de reportagens explicou pormenorizadamente a questão, enquanto cada anúncio da campanha (*vide figura 24*) estimulava os contribuintes a protestarem, seja escrevendo para a redação do jornal ou subscrevendo os abaixo-assinados existentes nos postos instalados em vários pontos da cidade de São Paulo.[43] Todas as cartas e abaixo-assinados foram encaminhados ao Palácio do Planalto, que se viu pressionado a rever as normas baixadas pela Secretaria da Receita Federal.

NOTAS BIBLIOGRÁFICAS

1. FLANAGAN, George A. *Modern institutional advertising*, p. 6.
2. HYMER, Stephen. *Empresas multinacionais: a internacionalização do capital*, p. 115.
3. FLANAGAN, George A., *op. cit.*, p. 28.
4. O SISTEMA de livre iniciativa é a base da democracia. *Propaganda*, São Paulo, n? 385, maio 1987, p. 59.
5. Movimento Nacional pela Livre Iniciativa — "Não há liberdade política sem liberdade econômica". *Propaganda*, São Paulo, n? 385, maio 1987, p. 46-7.
6. *Idem* — "Sem liberdade econômica, a liberdade humana não se mantém de pé". *Veja*, São Paulo, n? 987, 5 ago. 1987, p. 96-7.
7. CNI — Confederação Nacional da Indústria *et alii* — "No mundo dos negócios, o Mundo fica melhor quando não tem fronteiras". *Veja*, São Paulo, n? 30, 27 jul. 1988, p. 22-3.
8. *Idem* — "O Brasil é um excelente negócio para o Mundo. O Mundo é um excelente negócio para o Brasil". *IstoÉ-Senhor*, São Paulo, n? 984, 25 jul. 1988, p. 50-1.
9. Pirelli — "Fórmula brasileira". *Veja*, São Paulo, n? 990, 26 ago. 1987, p. 24-5.
10. A única referência a *issues* é feita por José Roberto W. Penteado Filho, entendida como atuação em situações específicas, em que a empresa é forçada a assumir uma posição diante da opinião pública. Mas o autor não considera a *issue advertising* como um tipo próprio de propaganda: "Tais anúncios — ou campanhas — também podem ser corretamente incluídos no conjunto das mensagens que compõem a propaganda institucional." Ver: PENTEADO FILHO, José Roberto Whitaker. Propaganda institucional funciona? *Propaganda*, São Paulo, n? 391, out. 1987, p. 56-61.

11. SETHI, S. Prakash. *Advocacy advertising and large corporations*, p. 7.
12. STRIDSBERG, Albert. *Controversy advertising*, p. 18.
13. GARBETT, Thomas F. *Corporate advertising*, p. 45.
14. PROÁLCOOL: mais uma crise de identidade. *Exame*, São Paulo, n.º 25, 14 dez. 1988, p. 90.
15. *Idem*, p. 92.
16. Proálcool — "Ele manda no petróleo. Mas no álcool mandam os brasileiros". *Veja*, São Paulo, n.º 991, 2 set. 1987, p. 106-7. O anúncio motivou um protesto do embaixador do Irã em Brasília, Mohomoud Movahedi, junto ao Itamarati, pela reprodução da figura do imã Khomeini, chefe do governo do país, o que é proibido pela religião islamítica. Depois de um curto período, a sua veiculação foi suspensa.
17. Proálcool — "De cada 40 brasileiros, pelo menos um vive do Proálcool". *IstoÉ-Senhor*, São Paulo, n.º 995, 12 out. 1988, p. 79.
18. REGO, Francisco Gaudêncio Torquato do. *Comunicação empresarial, comunicação institucional*, p. 95. A função de identidade que a propaganda assume ao dotar a empresa de uma personalidade pode também se realizar diretamente em nível de seus produtos. Com o acelerado desenvolvimento tecnológico que ocorre em nossos dias, os produtos tornam-se cada vez mais parecidos em suas características técnicas e benefícios proporcionados ao consumidor, obrigando a empresa a diferenciá-los através da criação de uma imagem própria do produto. Neste sentido, entendemos a diferenciação mais como uma estratégia mercadológica e não como um propósito de Relações Públicas instrumentalizado pela propaganda.
19. TOLEDO, Geraldo Luciano. *Marketing bancário*, p. 27.
20. Banco Boavista — "Banco Boavista. Um banco de qualidade, com novas idéias, antigos ideais e muito calor humano". *Exame*, São Paulo, n.º 26, 21 dez. 1988, p. 17.
21. REGO, Francisco Gaudêncio Torquato do, *op. cit.*, p. 97.
22. *Idem, ibid.*, p. 98.
23. Grupo Ticket Serviços — "Razão social. A razão social". *Exame*, São Paulo, n.º 24, 30 nov. 1988, p. 64-5.
24. Grupo Italmagnésio — "O Filho da terra". *Exame*, São Paulo, n.º 17, 24 ago. 1989, p. 39.
25. FLANAGAN, George A., *op. cit.*, p. 218.
26. *Idem, ibid.*, p. 92.
27. House of Lords — "Para entrar nesta Casa ou você é um lord ou um House of Lords". *IstoÉ-Senhor*, São Paulo, n.º 991, 14 set. 1988, p. 68-9.
28. FLANAGAN, George A., *op. cit.*, p. 97.
29. Os depoimentos escolhidos foram os de Charles Wilson, editor-chefe do *The Times*, de Londres; de Katherine Graham, diretora-presidente do *The Washington Post*, de Washington; e de Alain Peyrefitte, presidente do comitê editorial do *Le Figaro*, de Paris.
30. O Estado de S. Paulo — "Pra toda hora". *IstoÉ-Senhor*, São Paulo, n.º 984, 25 jul. 1988, p. 78-9.
31. CANFIELD, Bertrand R. *Relações públicas*, p. 558-9.
32. Jornal do Commercio — "Poucos jornais do mundo poderiam assinar este anúncio". *Senhor*, São Paulo, n.º 336, 25 ago. 1987, p. 28.
33. HALLIDAY, Tereza Lucia. *A retórica das multinacionais*, p. 9. O termo *retórica* é empregado em um sentido técnico: refere-se "a atos de comunicação que ocorrem em resposta a certas situações, as quais exigem, inspiram ou encorajam certo tipo de discurso", conforme a autora declara na p. 10.
34. IBM Brasil — "IBM Brasil. 70 anos dedicados a um maravilhoso espetáculo chamado gente". *Senhor*, São Paulo, n.º 341, 29 set. 1987, p. 10-1.
35. HALLIDAY, Tereza Lúcia, *op. cit.*, p. 21-3.
36. *Idem, ibid.*, p. 24.
37. *Idem, ibid.*, p. 25-6.

38. PORTO Seguro luta contra a nossa "Guerra no Vietnã". *Meio & Mensagem*, São Paulo, 12 dez. 1988, p. 27.

39. PENTEADO FILHO, José Roberto Whitaker. Propaganda institucional funciona? *Propaganda*, São Paulo, n? 391, out. 1987, p. 59.

40. Clock — "A Clock está regendo com talento a cultura e o esporte". *IstoÉ-Senhor*, São Paulo, n? 982, 11 jul. 1988, p. 39.

41. FLANAGAN, George A., *op. cit.*, p. 287.

42. FREITAS, Luiz Carlos Teixeira de, ed. O jogo da morte: uma campanha para salvar os que moram à beira da Raposo Tavares. *Briefing*, São Paulo, n? 29, jan. 1981, p. 47-50.

43. Jornal da Tarde — "Trapaleão". *Jornal da Tarde*, São Paulo, 27 mar. 1987, p. 1.

Capítulo 7
OS VEÍCULOS DE PROPAGANDA EM RELAÇÕES PÚBLICAS

Para alcançar plenamente os seus objetivos de comunicação, a propaganda deve contar com veículos que possibilitem atingir com eficácia os públicos a que esteja dirigida.

A seleção desses veículos é tarefa atribuída à área técnica de mídia, que trata do estudo dos meios de comunicação para planejar e orientar sua utilização mais adequada. Esse estudo se faz mediante o levantamento de dados sobre a audiência, a circulação, a tiragem, a localização, os preços de inserção e o tipo de veículos.

Segundo a terminologia corrente de mídia, os veículos de comunicação de massa empregados pela propaganda recebem a designação de mídias e são representados pelo rádio, televisão, cinema (mídias eletrônicas), jornal, revista e *outdoor* (mídias impressas). Diferentemente de outros meios conhecidos (como os painéis, os cartazes, os luminosos, a mala-direta), essas mídias, por sua própria natureza, permitem atingir o público de forma massiva.

O trabalho de planejamento aplicado aos veículos de comunicação de massa resulta em um "Plano de Mídia", documento escrito que prevê e sistematiza todas as ações em mídia a serem desenvolvidas em função dos objetivos, metas e estratégias estabelecidas. Em muitos casos, decide-se pelo emprego coordenado de duas ou mais mídias, para atingir um público específico, quando podem desempenhar o papel de mídia básica ou de mídia de apoio.

A *mídia básica*, é "o meio escolhido como principal num planejamento de mídia, por razões estratégicas de planejamento da campanha. Geralmente porque tal meio atinge o público-alvo de maneira mais adequada."[1] *Mídia de apoio*, por sua vez, é "o escolhido para complementar o meio básico num plano de mídia, ampliando ou reforçando os contatos com os mercados, ou outros critérios e objetivos que estejam determinados no planejamento."[2]

Independente de sua atuação como mídia principal ou de apoio, o jornal, a revista, o rádio, o cinema, a televisão e o *outdoor* guardam entre si certas especificidades, que serão examinadas agora, na perspectiva de sua utilização como veículos da propaganda com propósitos de Relações Públicas. Também é feita uma breve abordagem histórica da evolução de cada mídia, em função do que ela pode revelar acerca da natureza intrínseca do veículo.

JORNAL: UM FORMADOR DE OPINIÃO

Nascido em 1400 (embora pairem dúvidas sobre a data), na cidade de Mogúncia (hoje Mainz), na Alemanha, e falecido em 1468, Johann Gutenberg foi o inventor da impressão tipográfica com tipos móveis. A primeira produção tipográfica ficou conhecida como a Bíblia de Gutenberg, embora tenha sido finalizada por Johann Fust, um rico joalheiro que era credor de Gutenberg. Explica Carramillo que "Gutenberg planejara, entalhara, moldara e fundira suas letras. Todavia, como não poderia pagar suas dívidas, teve que entregar a Fust a prensa, os apetrechos, os cadernos prontos da Bíblia, o material adquirido e preparado para sua realização."[3] A *Bíblia de 42 linhas* ou *Bíblia de Gutenberg* saiu provavelmente em princípios de 1456, sendo "considerado o primeiro fruto perfeito da tipografia, in-fólio de 641 folhas, em dois volumes, não traz data, nem procedência, nem nome do impressor."[4]

Mesmo com a invenção da tipografia, os jornais continuaram ainda por longos cento e cinqüenta anos a serem escritos a mão. Costella faz menção a algumas datas, bastante controvertidas, para localizar os primeiros jornais impressos no mundo. Em 1597 é editado na cidade de Praga, por Daniel Sedltchansky, o *Noviny poradné celého mesice zari léta 1597* ("Jornal completo do mês inteiro de setembro de 1597"). Na Antuérpia, em 1605, iniciou-se a publicação do jornal *Nieuwe Tijdinghen*, de responsabilidade de Abraão Verhoeven. Como o primeiro título era de periodicidade mensal, julgada muito extensa para caracterizar um jornal, e o segundo começou sem periodicidade definida, vindo a tornar-se semanal somente mais tarde, alguns historiadores não os consideram como os verdadeiros precursores do jornalismo impresso. Indicam então o ano de 1609, quando surgem o *Ordinarii Avisa*, em Estrasburgo, e o *Relation oder Zeitung*, em Augsburgo.[5]

Posteriormente, o jornal se disseminou pela Inglaterra (1622), França (1631), Portugal (1641), Espanha (1661) e para as colônias inglesas, espanholas e portuguesas, chegando finalmente ao Brasil em 1808.

Antes dessa data ocorreram no Brasil diversas tentativas para a instalação da impressão tipográfica: em 1642, no Recife; em 1700, no Paraná; em 1706, novamente no Recife; em 1749, no Rio de Janeiro; em 1770, na Bahia; e em 1807, em Vila Rica. Todas fracassadas, entre outros motivos, por esbarrarem com a forte oposição de Portugal. Com a vinda da Corte para o Brasil, fugindo da invasão francesa a Portugal, é instituída a Imprensa Régia, em decreto de 13 de maio de 1808. De suas oficinas, em 10 de setembro do mesmo ano, saiu o primeiro jornal impresso no Brasil, a *Gazeta do Rio de Janeiro*.

Em 1989, circulavam no país 286 jornais diários e 1.482 semanais, quinzenais e mensais, em um total de 1.768 títulos. Os 22 maiores jornais brasileiros cobrem quatorze estados e, com exceção da *Gazeta de Londrina*, estão todos sediados nas capitais.

Tabela 4

CIRCULAÇÃO MÉDIA DOS PRINCIPAIS JORNAIS-1989
(Títulos filiados ao IVC[6])

Título	2ª feira	3ª a sábado	domingo
O Globo (RJ)	253.070	252.891	485.605
O Estado de S.Paulo (SP)	—	210.841	391.585
Folha de S.Paulo (SP)	298.688	302.451	357.526
O Dia (RJ)	221.428	231.664	342.048
Jornal do Brasil (RJ)	145.696	156.020	247.912

FONTE: *Imprensa*, São Paulo, *3* (26): 80, out. 1989.

Há uma forte concentração dos títulos no Rio de Janeiro e em São Paulo, onde estão os cinco maiores jornais do país: *O Dia, Jornal do Brasil* e *O Globo* (RJ); *Folha de S.Paulo* e *O Estado de S. Paulo* (SP); com uma distribuição que cobre vários pontos do território nacional.

Os jornais são procurados pelos leitores como fonte de informação de interesse geral, para saber os acontecimentos do seu bairro e os assuntos que dizem respeito à sua profissão. Uma tendência mais recente é a de prestação de serviços, com informações sobre questões e problemas que afligem o leitor no seu dia-a-dia.

Outros interesses são atendidos pelos suplementos e cadernos especiais que versam, por exemplo, sobre moda, turismo, culinária, beleza, cultura e agricultura. Alguns jornais são totalmente segmentados, cobrindo assuntos do interesse de públicos específicos, como economia e negócios (*Diário do Comércio e Indústria*, *Daily Post* e *Gazeta Mercantil*; lazer (*Shopping News* e *City News*); e de bairros (*Jornal da Lapa* e *Gazeta de Pinheiros*).

Tabela 5
HÁBITO DE LEITURA DE JORNAIS - 1988

Públicos	Penetração %
Ambos os sexos	52
Ambos os sexos AB 15/24	75
Homens	58
Homens AB	81
Homens 15/39	58
Mulheres	46
Mulheres AB	73
Mulheres 15/39	48
Donas de casa	40
Donas de casa AB	69
Donas de casa CDE	31

FONTE: *Anuário Brasileiro de Mídia 1989-1990*

Apesar de serem os mais antigos veículos de comunicação de massa, os jornais apresentam baixas tiragens, revelando-se ainda como uma mídia de elite. Os seus leitores são predominantemente homens (58%), pertencentes às classes A e B (81%) e bastante jovens, estendo-se majoritariamente na faixa de 15 a 39 anos (58%).

Embora o elitismo apontado possa parecer à primeira vista uma desvantagem, na verdade o público leitor — pelas suas características sócio-econômicas — atua em grande parte como um dos formadores de opinão na comunidade. Penteado afirma, com muita razão, que, "em geral, os jornais exercem influência mais forte na formação de opinões do que os demais instrumentos de comunicação de massa."[7]

O jornal reúne muitas vantagens para a veiculação de campanhas de Relações Públicas. Tahara reconhece como pontos positivos a alta credibilidade que merecem as suas informações, a rapidez com que a mensagem pode ser veiculada e a seletividade de um público leitor em sua maioria pertencente às classes A e B e grandes formadores de opinião.[8]

Muito desta credibilidade que o jornal desfruta de seus leitores vem da estreita ligação do veículo com a comunidade na qual se insere. Bahr ressalta que, "de todos os veículos de comunicação, os jornais são, talvez, os mais provincianos na sua relação com aquilo que é pertinente para uma determinada comunidade dentro da qual eles são publicados. Nesse sentido, o jornal é a resposta a uma manifestação da cultura de uma comunidade individual."[9]

Outra característica, agora com respeito ao jornal de interior, é que o aproveitamento dos *press-releases* pode ser muito maior do que aquele verificado na chamada grande imprensa. Os jornais das cidades interioranas se ressentem da falta de matérias bem redigidas, como devem ser sempre as notícias produzidas pela empresa e enviadas aos órgãos de comunicação.

Excetuando-se os tablóides, a página do jornal é dividida em oito, nove, dez ou doze partes, as quais formam colunas verticais com 54 centímetros de altura. O espaço é, então, comercializado na base de centímetro de coluna (cm/col.), determinando o anunciante o tamanho do seu anúncio. Por exemplo: em um jornal de oito colunas, um anúncio de oito colunas por 54 centímetros ocuparia a página inteira (8 col. X 54 cm = 432 cm/col.); um anúncio de quatro colunas por 27 centímetros abrangeria o espaço de 1/4 de página (4 col. × 27 cm = 108 cm/col.); e assim por diante.

Para reduzir os custos de produção de anúncios e facilitar a programação de jornais pelos profissionais de mídia, a Associação Nacional de Jornais (ANJ) criou formatos-padrão válidos para todos os jornais a ela filiados. Conhecidos co 10 "módulos ANJ", dispõem de 41 formatos diferentes e possibilitam que uma mesma arte-final seja reproduzida sem a necessidade de alterações no tamanho para a veiculação em outros jornais (naturalmente, desde que esses jornais também adotem os módulos ANJ).

Nos dois sistemas — cm/col. e módulos — os preços de inserção dos anúncios podem variar em função do dia da semana em que serão veiculados (o preço é mais elevado no domingo), da colocação em página par ou ímpar (a última terá um custo maior) e do uso de cores, possível nos jornais da grande imprensa.

REVISTA: UM VEÍCULO SEGMENTADO

A imprensa periódica surge no Brasil no início do século XX. Mais precisamente em 1900, foi lançada a primeira, a *Revista da Semana*. Vêm em seguida: *O Malho* (1902); *Fon-Fon* e *A Careta*, logo depois; *Vida Paulista* e *Arara* (1904). Com *O Cruzeiro* e *Manchete*, que chegaram a suplantar a tiragem de 1 milhão de exemplares, a revista vai constituir-se como uma mídia realmente expressiva na década de 50 para 60.

Estimou-se em 1989 a existência de 903 revistas, das quais somente 48 são filiadas ao Instituto Verificador de Circulação (IVC) e submetidas, portanto, a auditorias regulares de circulação. Segundo o tipo de circulação, as revistas podem ser divididas em circulação dirigida, geralmente própria das revistas técnicas, direcionadas a segmentos específicos; circulação paga, com venda em banca e/ou assinaturas; e a circulação mista, que é uma combinação das duas primeiras. Os títulos mais representantivos são publicados pelas Editoras Abril, Azul, Bloch, Globo, Sigla e Visão.

Tabela 6
DISTRIBUIÇÃO POR GÊNERO DAS PRINCIPAIS REVISTAS VENDIDAS EM BANCAS
(1988)

Gênero	Média de exemplares vendidos por mês (000)	%
Interesse Geral	4.472	41
Femininas	2.958	27
Masculinas	511	05
Auto/Esportivas	512	05
Infantis	2.233	20
Rurais	257	02
TOTAL	10.943	100

FONTE: *Anuário Brasileiro de Mídia 1989-1990*

O mercado editorial tem praticado ultimamente a estratégia da segmentação dos títulos, com o conseqüente aumento no número de revistas técnicas ou especializadas em um determinado assunto, vendidas em bancas e destinadas a parcelas da população definidas e numericamente pequenas. A segmentação traz como resultado positivo permitir uma melhor caracterização dos seus públicos-alvo. No entanto, o perfil geral do leitor de revistas continua mostrando sua maior penetração nas camadas mais altas da população brasileira, para o que muito influi o alto preço de venda, conseqüência também da excelente qualidade editorial e da apurada técnica de produção que muitas revistas brasileiras atingiram.

Tabela 7
HÁBITO DE LEITURA DE REVISTAS - 1988

Públicos	Penetração %
Ambos os sexos	49
Ambos os sexos AB 15/24	84
Homens	47
Homens AB	74
Homens 15/39	52
Mulheres	52
Mulheres AB	79
Mulheres 15/39	58
Donas de casa	41
Donas de casa AB	72
Donas de casa CDE	30

FONTE: Anuário Brasileiro de Mídia 1989-1900

No segmento AB, a leitura de revistas é um hábito de 74% dos homens e de 79% das mulheres. No mesmo segmento, considerando pessoas de ambos os sexos, com idades de 15 a 24 anos, a penetração do meio foi da ordem de 84% em 1988.

Tabela 8
CIRCULAÇÃO MÉDIA DAS 10 PRINCIPAIS REVISTAS

Título	1987 (000)	1988 (000)	1989 (000)
Veja	774	736	740
Manequim	405	406	429
Cláudia	363	356	387
Nova	362	290	297
Playboy	378	350	401
Superinteressante	—	222	277
Mônica	333	225	276
Quatro Rodas	212	207	231
Capricho	251	187	203
Ele & Ela	210	161	154

FONTE: Imprensa, São Paulo, 3 (26): 86-9, out. 1989

Em 1989, a revista de maior circulação foi a *Veja*, com uma média de 740 mil exemplares, que representa quase o dobro da segunda colocada, a revista feminina *Manequim*, com 429 mil exemplares.

Como principais vantagens das revistas, de uma maneira geral, podemos ressaltar a qualidade visual e a possibilidade técnica de uma melhor reprodução. A periodicidade, no mínimo semanal, possibilita uma vida útil mais longa da revista; também um maior número de leitores por edição faz a circulação ser bem maior do que a tiragem.

A grande diferença que a revista apresenta em relação ao jornal reside sobretudo na sua dimensão temporal. O jornal diário está ligado aos fatos do dia-a-dia, enquanto a imprensa periódica mantém uma certa distância temporal do fato jornalístico, o que lhe permite uma abordagem mais ampla e profunda. Isso, segundo Buitoni,

> "sem esquecer que no jornal a notícia (...) é matéria-prima; na revista, a notícia não é tão matéria-prima assim. Muitas revistas não precisam de um fato-gancho próximo no tempo para apresentar seus artigos e reportagens."[10]

As revistas se constituem em um veículo extremamente inovador na parte visual. A diagramação torna-se um processo mais cuidadoso e estético, criando um campo fértil para a imaginação e a criatividade.

A inserção de anúncios nas revistas pode ser feita em páginas seqüenciais (encontramos anúncios institucionais e comerciais que chegam a ocupar até 16 páginas seguidas), página dupla, página inteira e os múltiplos de página que forem permitidos pela publicação: 2/3, 1/2, 1/4, 1/6, 1/8, 1/12, entre outros. O anúncio pode ter preços diferenciados para veiculação, em função do uso de cores, da inserção nas capas internas ou na última capa da revista e da localização da peça em página determinada ou indeterminada. Mediante consulta, pode ser empregado o recurso dos encartes, material produzido pelo anunciante e distribuído junto com as revistas. Por sua vez, algumas publicações abrem a possibilidade de veiculação em cadernos regionais, com custos mais acessíveis para as empresas ali instaladas.

RÁDIO: UM FORTE APELO POPULAR

Como capital da República, o Rio de Janeiro sediou, em setembro de 1922, todos os festejos comemorativos do Primeiro Centenário da Independência. Um dos eventos foi a Grande Exposição do

Centenário da Independência, em pavilhões especialmente construí-dos na Esplanada do Castelo pelos governos brasileiro, norte-ameri-cano e os de vários países participantes da Europa. Conta Sampaio que "a maior surpresa para os visitantes foi, porém, a audição por alto-falantes, até então desconhecidos, de música e vozes humanas. Foram eles distribuídos e interligados pela 'Companhia Telephonica Brasileira' em vários pontos da exposição. Eles reproduziam a irra-diação da primeira emissora que se instalou no Brasil, experimental-mente, montada pela Westinghouse Electric no Morro do Corcova-do."[11]

Acontecendo em local aberto e por alto-falantes, essa demons-tração pública não pode ser verdadeiramente considerada como ra-diodifusão. Assim, a primeira estação de radiodifusão no Brasil tem seu marco com a fundação, no dia 20 de abril de 1923, da Rádio Sociedade do Rio de Janeiro. A iniciativa pioneira coube ao professor Edgard Roquette Pinto e ao diretor do Observatório Nacional, Henrique Morize, tendo se viabilizado com a cessão pelo governo brasileiro de "uma das duas emissoras Western Electric importadas para serviços telegráficos. Com uma potência de 500 watts, a emissora foi adaptada à radiodifusão e na data marcada foi para o ar."[12]

No seu início, a radiodifusão brasileira "era apenas praticada por diletantismo e preocupava uma elite intelectual e social que emi-tia os famosos 'saraus eletrônicos', onde prevaleceram a música eru-dita, a alta literatura e o discurso científico."[13] Em seguida, paula-tinamente, o rádio foi encontrando novos rumos para o seu desen-volvimento, chegando até o grande fenômeno de comunicação de mas-sa que foi a Rádio Nacional do Rio de Janeiro, nas décadas de 40 e 50.

A ascensão da Rádio Nacional começou a partir dos anos 45, atingindo o seu ápice nos seis primeiros anos da década de 50. Mais exatamente em 1952, a emissora obtinha índices de audiência média da ordem de 50,2%. Embora de propriedade da União, não recebia ajuda oficial, sendo sustentada por verbas publicitárias que lhe per-mitiam manter uma equipe qualificada e bem remunerada.

Em 1950, a televisão chegou ao Brasil e, com a entrada do *vi-deotape* na década de 60, transformou-se em uma rival perigosa pa-ra o rádio. Este equipamento imprimiu um novo ritmo à televisão brasileira, reforçando as preferências do público e do anunciante pelo veículo. O rádio obviamente não desapareceu, mas, de uma maneira inteligente, adaptou-se à nova realidade, transformando-se em uma fonte de diversão, entretenimento e informação com forte apelo po-pular. É agora um veículo amplamente disseminado no país, calculando-se a existência, em 1990, de um total de 61 milhões e 700 mil aparelhos receptores nos lares brasileiros.

Tabela 9
DISTRIBUIÇÃO DOS APARELHOS DE RÁDIO - 1990

Domicílios	Quantidade	%
Total de domicílios no Brasil	35.869.000	100
Lares com rádio	26.865.881	74,9
Número médio de aparelhos por domicício	2,3	

FONTE: Grupo de Mídia.

Segundo dados de 1988 do Departamento Nacional de Telecomunicações — Dentel, é de 1.972 o número de emissoras de rádio instaladas no Brasil, sendo 1.252 em OM, 76 em OT, 27 em OC, e 617 em FM.[14] Muitas emissoras se constituíram em redes, sem dúvida estimuladas pelo exemplo da televisão, as quais permitem uma redução de custos de produção e conseqüente aumento da lucratividade. Uma delas, a Rede L&C de Rádio, possui quatro emissoras (Universal de Caçapava, Universal de Agudos, Universal de São Roque e uma FM em instalação em São Paulo) e presta assessoria e serviços de representação comercial para 194 emissoras no Brasil.

Nas palavras de Luís Casali, diretor da Rede L&C, a assessoria de programação oferece "uma estrutura que orienta como a emissora deve melhor aproveitar o seu mercado. (...) O nosso pessoal vai até lá, levanta o mercado, faz uma radiografia e em cima disso traçamos a linha de programação, discutimos com o proprietário, orientamos e esclarecemos se aquele mercado comporta ou não determinada linha de programação." Na assessoria de *marketing*, continua Luís Casali, "nós também orientamos como montar o departamento comercial, como criar novos valores, como melhor explorar comercialmente o rádio, como estabelecer um programa de eventos, que é muito importante para o faturamento das rádios hoje."[15]

Tabela 10
PRINCIPAIS REDES DE RÁDIO AM/FM - 1989

Redes	Total de emissoras
L&C	194
C.V.A.	86
Sistema Globo de Rádio	16 (Globo)
	34 (afiliadas)
Jornal do Brasil	17
Rede Brasil Sul	17
Metropolitana	15
Pampa	11
Manchete	06
Transamérica	06

FONTE: *Imprensa*, São Paulo, *3*(26): 72, out. 1989.

Em todas as regiões brasileiras os índices de posse de aparelhos de rádio são altos, variando de 57,6% na Região Norte a 84,0% na Região Sul.

Tabela 11
POSSE DE RÁDIO POR REGIÃO - 1990

Região	Total de domicílios	Posse %
Centro-Oeste	2.392.400	68,2
Nordeste	9.143.500	63,4
Norte	1.801.300	57,6
Sudeste	16.797.400	80,9
Sul	5.734.400	84,0

FONTE: *Anuário Brasileiro de Mídia 1989-1990*.

A invenção do transistor livrou o rádio da dependência de energia elétrica. Os receptores de rádio em veículos se tornaram comuns a ponto de algumas emissoras se especializarem em programas de serviços dirigidos para um novo público: os motoristas de automóveis de passeio e caminhões. A miniaturização dos aparelhos, com as versões reunindo AM e FM, reduziu drasticamente seus custos e tornou o rádio acessível a todos. Em seu conjunto, este quadro deu sustentação para que o consumo de rádio se manifeste em percentuais bastante semelhantes em amplas faixas de segmentos da população brasileira.

Tabela 12
CONSUMO DE RÁDIO POR SEGMENTOS - 1988

Público	Participação %
Ambos os sexos	88
Ambos os sexos AB 15/24	97
Homens	90
Homens AB	91
Homens 15/39	92
Mulheres	87
Mulheres AB	88
Mulheres 15/39	91
Donas de casa	83
Donas de casa AB	83
Donas de casa CDE	83

FONTE: *Anuário Brasileiro de Mídia 1989-1990.*

Por sua natureza, o rádio é um veículo que fala mais íntima e diretamente com a pessoa. Arthur Godfrey teve essa percepção ao notar que alguns locutores, em vez de falar com o ouvinte, liam e não convenciam. O segredo é imaginar que há uma só pessoa escutando e falar exatamente para essa pessoa.[16] Existe, portanto, uma linguagem própria para o rádio. A mensagem se apóia fundamentalmente na voz humana, devendo ser adotada uma linguagem coloquial e sem afetação. As frases e as palavras do texto precisam ser curtas e fáceis de pronunciar, sem ambigüidades.

Outras vantagens do rádio podem ser enumeradas, como sua disponibilidade total, colocando entretenimento, diversão e informação à disposição do ouvinte a qualquer hora. É um meio de impacto, graças ao reforço que a música e a sonoplastia podem oferecer à palavra. Não exige também a atenção total, pois o ouvinte pode estar ao mesmo tempo executando outras tarefas. Tem uma grande maleabilidade, permitindo que a mensagem seja cancelada, trocada ou inserida em poucas horas.

Entretanto, alguns aspectos negativos do rádio devem ser avaliados ao decidir sobre o seu uso. A mensagem é efêmera e deixa de existir após a sua veiculação, o que não acontece com a mídia impressa. Em razão de não exigir a atenção do ouvinte, a pessoa pode se distrair com aquela atividade a que esteja dedicando-se no momento em que ouve um programa de rádio. Apesar de sua boa cobertura e penetração, o rádio não deixa de ser um veículo essencialmente local. Um alcance nacional somente poderá ser obtido com a programação de um grande número de emissoras em diferentes pontos do território nacional. Foi o que ocorreu com o "Repórter Esso", produzido pela agência de publicidade McCann-Erickson de agosto de 1941 a março de 1964: o programa tinha emissoras em ondas médias e curtas contratadas pela Esso por todo o país.

Os anúncios mais comuns em rádio têm a duração de 15, 30 e 60 segundos, dependendo outras secundagens de consulta à emissora. Uma programação de anúncios de 30 segundos, por exemplo, poderá ter custos diferentes de acordo com a maneira de sua inserção: em um programa, em faixa determinada ou em horários não especificados, a serem posteriormente definidos pela emissora. O patrocínio é outra forma de comercialização bastante utilizada. Pode ser contratado para um programa ou para os serviços de utilidade pública da emissora: hora certa, previsão do tempo, programação cultural da cidade, resultados da loteria e de eventos esportivos.

CINEMA: UMA MÍDIA SELETIVA

As tentativas de captar e reproduzir as imagens iniciaram-se ainda no século XVII, com o uso da lanterna mágica, mas cujas imagens eram fixas. As pesquisas para reproduzir o movimento com meios artificiais intensificaram-se no século XIX, coincidindo com o início da implantação da luz elétrica, do telefone, do avião etc. Aos irmãos Louis e Auguste Lumière coube o crédito da invenção do cinematógrafo, que possibilitou a primeira exibição pública de cinema, em 28 de dezembro de 1895, no Boulevard des Capucine, em Paris.

Nessa primeira sessão, diversos filmes curtos, em branco e preto, sem som, foram projetados para o público, que se emocionou e até se assustou com um deles. O filmete mostrava uma locomotiva chegando em uma estação, de uma maneira tal que a imagem ia enchendo a tela e parecia finalmente projetar-se sobre a assistência. Todavia, mesmo os irmãos Lumière não notaram o potencial de seu invento, acreditando que era um instrumento que só poderia servir para pesquisas e uma novidade que iria desaparecer após ter satisfeito as pessoas em sua curiosidade.

Com o desenvolvimento tecnológico, o cinema deixou de ser mudo em 1927, quando estréia "The Jazz Singer", o primeiro filme sonoro; a película em cores foi implantada nos anos 50; novos processos de filmagem e projeção surgiram em 1953, como a Terceira Dimensão, o CinemaScope e o Cinerama. Assim, aos poucos, o cinema foi estruturando-se como uma verdadeira indústria que ainda leva multidões para as salas de projeção.

Tabela 13
ARRECADAÇÃO/TOTAL DE ESPECTADORES (1986)

	Arrecadação NCz$	%	Espectadores (000)	%
Filmes nacionais	310.455	19	29.337	23
Filmes estrangeiros	1.302.200	81	98.267	77
TOTAL	1.612.655	100	127.604	100

FONTE: *Anuário Brasileiro de Mídia 1987-1988*

Nos últimos anos, o cinema tem sofrido uma forte concorrência da televisão, o que levou diversas companhias produtoras a explorarem o novo filão da produção de filmes para televisão, diminuindo o tempo ocioso de seus grandes estúdios. O Censo de 1980 registrava 2.897 salas exibidoras no Brasil e cerca de 100 milhões de cinespectadores/ano. Em 1986, os números foram diferentes: o total de salas exibidoras caiu para 1.372, aumentando o número de cinespectadores/ano para 127 milhões. Enquando a presença do público experimenta oscilações constantes, o número de salas de projeção diminui gradativamente, acusando um total de 1.081 cinemas em funcionamento no primeiro semestre de 1988.

Tabela 14
HÁBITO GERAL DE IR AO CINEMA - 1988

Público	Participação %
Ambos os sexos	36
Ambos os sexos AB 15/24	76
Homens	41
Homens AB	54
Homens 15/39	53
Mulheres	32
Mulheres AB	50
Mulheres 15/39	41
Donas de casa	16
Donas de casa AB	32
Donas de casa CDE	11

FONTE: *Anuário Brasileiro de Mídia 1989-1990.*

A concorrência com a televisão trouxe, como outra conseqüência, a transformação do cinema em uma mídia mais seletiva. O perfil do freqüentador contumaz de cinema está concentrado no público masculino e feminino de 15 a 24 anos, pertencente às classes A e B da população.

Para os profissionais de Relações Públicas, o veículo oferece a possibilidade de inserção de documentários e de mensagens institucionais, estando estas últimas regulamentadas desde 1966. Por sua vez, os anúncios são permitidos no tempo máximo de três minutos por sessão e exibidos obrigatoriamente à meia-luz. O cinema adotou duas técnicas de comercialização, a partir da classificação das salas exibidoras nas classes A, AB, BC, D e E, de acordo com sua localização, instalação e número de habitantes da cidade onde ela se situa. Na técnica de "cine-semanas" é comprada a inserção em todos os intervalos da sessão, geralmente em número de 35, escolhendo-se as salas de acordo com a sua classe. Na técnica de "cine-rotativos" são comprados pacotes de cinemas, agrupados por classe, sendo que cada sala é programada no sistema de uma semana de inserção e três de intervalo, com programação mínima de três meses.

Outros aspectos devem ser vistos na decisão da veiculação de anúncios em cinema. De positivo, o veículo oferece alta concentração à mensagem (ela atrai a atenção total do espectador, pois não há nada que o distraia), a alta seletividade do público jovem e o baixo investimento em termos absolutos. Por outro lado, o cinema apresenta aspectos negativos relacionados principalmente com as suas necessidades de cobertura. Tahara assinala que as suas desvantagens estão "na baixa cobertura e longo tempo para alcançar a cobertura máxima; a necessidade de programação de um grande número de salas exibidoras, implicando a necessidade de grande número de cópias; e a dificuldade de controle e fiscalização."[17]

TELEVISÃO: UM VEÍCULO PODEROSO E CONCENTRADOR

A televisão brasileira nasceu sob a égide da improvisação. Instalada a primeira estação em São Paulo — a PRF 3-TV Tupi do pioneiro Assis Chateaubriand — em 18 de setembro de 1950, seu programa inaugural foi ao ar no improviso, devido ao pane de uma das suas três câmeras. Este fato determinou a modificação de um esquema exaustivamente ensaiado, pois Cassiano Gabus Mendes, diretor do programa, "pediu que todos esquecessem o que estava previsto nos ensaios e marcações, passando a comandar diretamente as ações."[18] Segundo Federico, "os primeiros passos foram difíceis, cheios de imperfeições, de falhas técnicas, humanas e a imagem mais assídua então era a do cartão fixo: 'Voltaremos logo'. (...) Essa situação continuou praticamente até 1955, que é o ano em que se detectam algumas mudanças estruturais."[19]

Depois de vencer as dificuldades iniciais, a televisão conseguiu ultrapassar rapidamente o rádio, graças ao desenvolvimento de uma linguagem televisiva própria e de sua estruturação em grandes redes nacionais, entre outros fatores, transformando-se no meio de comunicação mais concentrador e poderoso do Brasil.

Tabela 15
APARELHOS DE TELEVISÃO - 1988

	Quantidade	%
TOTAL	27.800.000	100
Preto e branco	11.500.000	38
Em cores	16.300.000	62
Lares com TV	18.700.000	
Posse de TV		56
Número médio de aparelhos por domicílio	1,5	

FONTE: *Anuário Brasileiro de Mídia 1988-1989.*

De pouco mais de 4 milhões de domicílios com televisão em 1970, o país passa a contar, em 1990, com 23 milhões e 135 mil lares com televisão, sendo 62% dos aparelhos receptores em cores. As emissoras de televisão comercial que operavam no Brasil em 1988 receberam uma fatia de 58% da verba aplicada em mídia pelas agências de propaganda. Em 1989, o número de emissoras atingiu a 168, sendo 64 pertencentes ou afiliadas à Rede Globo, 27 à Rede Manchete, 39 ao SBT — Sistema Brasileiro de Televisão, 30 à Rede Manchete, três à TV Record e cinco independentes. As emissoras educativas, que não recebem investimentos publicitários, perfazem 16 estações em todo o Brasil.

Tabela 16
PARTICIPAÇÃO DAS REDES DE TELEVISÃO NA MÉDIA
NACIONAL DE AUDIÊNCIA (1988—2.ª A 6.ª FEIRA)

Emissoras	%
12h00m — 18h00m	
Rede Globo de Televisão	63
Sistema Brasileiro de Televisão	19
Rede Bandeirantes de Televisão	03
Rede Manchete de Televisão	09
Outras	06
TOTAL LIGADOS	32
18h00m — 22h00m	
Rede Globo de Televisão	83
Sistema Brasileiro de Televisão	09
Rede Bandeirantes de Televisão	02
Rede Manchete de Televisão	04
Outras ·	02
TOTAL LIGADOS	70
22h00m — 24h00m	
Rede Globo de Televisão	59
Sistema Brasileiro de Televisão	22
Rede Bandeirantes de Televisão	04
Rede Manchete de Televisão	09
Outras	06
TOTAL LIGADOS	46

FONTE: *Anuário Brasileiro de Mídia 1989-1990.*

A Rede Globo de Televisão está presente em 4.173 municípios brasileiros, onde cobre 99,9% dos domicílios com televisão. Os índices de audiência também expressam uma quase hegemonia dessa Rede em relação às demais, chegando aos 83% na faixa das 18h00m às 22h00m, contra 9% do Sistema Brasileiro de Televisão.

Tabela 17
CONSUMO DE TELEVISÃO POR SEGMENTOS - 1988

Segmentos	Participação %
Ambos os sexos	94
Ambos os sexos AB 15/24	98
Homens	94
Homens AB	98
Homens 15/39	94
Mulheres	95
Mulheres AB	98
Mulheres 15/39	95
Donas de casa	94
Donas de casa AB	98
Donas de casa CDE	93

FONTE: *Anuário Brasileiro de Mídia 1989-1990.*

Em geral, as vantagens da televisão como veículo publicitário estão no seu grande impacto, porque reúne imagem, cor, som e movimento; no prestígio que traz para o anunciante, principalmente nos programas em cadeia[20]; e na disponibilidade de dados de pesquisa de audiência, bastante atualizados e completos, que permitem ao anunciante inserir sua mensagem nos programas mais adequados. A televisão oferece ainda maior cobertura (tanto em área geográfica como em população) e maior penetração em todas as faixas etárias, sexos e nas classes A, B, C e D. Entretanto, em termos absolutos, a televisão exige o maior investimento: uma única inserção de trinta segundos no Jornal Nacional da Rede Globo custava, em dezembro de 1989, NCz$ 306.700,00, o equivalente a 43 mil BTNs, para veiculação em intervalo comercial nacional.[21]

A legislação federal regulamentou o intervalo comercial da televisão em quinze minutos por hora. Sua comercialização é feita, principalmente, pela oferta da colocação de anúncios (com 15, 30, 45 e 60 segundos) em programas determinados e pelo patrocínio dos mesmos. O esquema de patrocínio pode ser exclusivo ou compartilhado com outros anunciantes, envolvendo nos dois casos a caracterização do patrocínio na abertura e no encerramento, as vinhetas de passagem e as "chamadas" para o programa (estas últimas distribuídas ao longo do dia ou da semana). Opcionalmente, podem ser incluídos anúncios entre os blocos do programa ou outra posição a ser negociada entre o anunciante e a emissora.

As emissoras de televisão também desenvolvem eventos promocionais e institucionais — campanhas de popularização do teatro; divulgação de acontecimentos culturais, esportivos e promocionais; comemoração dos dias da Mulher, da Criança, das Mães, dos Pais, dos Avós e dos Namorados — que são comercializados como patrocínio e representam para as empresas excelentes oportunidades de apoio de caráter institucional.

OUTDOOR: UMA MÍDIA DE IMPACTO VISUAL

Em sua acepção mais ampla, a expressão *outdoor advertising* designa toda publicidade ao ar livre, na forma de cartazes, placas, painéis e luminosos, afixados na via pública ou nas laterais de veículos como ônibus, trens e táxis. No Brasil, o termo *outdoor* tem um sentido mais específico: aplica-se ao cartaz essencialmente urbano, constituído pela colagem de folhas de papel, com o anúncio previamente impresso, em uma estrutura de madeira. Seu formato mais comum é o cartaz de 32 folhas, sendo o período padrão de exposição de 15 dias, base em que é comercializado pelas empresas exibidoras.

Na década de 70, o *outdoor* atravessou uma fase difícil. As empresas cuidavam de todo o processo: produziam o cartaz, adquiriam pontos pela cidade e alugavam os espaços para exibição. Com isso, havia o predomínio da quantidade sobre a qualidade, com problemas na colagem e na distribuição dos pontos de exibição. Muitos cartazes eram dispostos desorganizadamente, gerando reclamações quanto a uma verdadeira poluição visual causada pelo veículo nos centros urbanos. A criação da Central de Outdoor, formada pela associação de onze empresas exibidoras, estimulou medidas saneadoras para os problemas apontados e o investimento em pesquisa sobre o meio, com os primeiros estudos sendo realizados pela LPM-Burke, em 1979, na praça de São Paulo.

Tabela 18
TABULETAS DE *OUTDOOR* NOS PRINCIPAIS MERCADOS
(1988)

Principais mercados	Número de tabuletas	Audiência Potencial (000) (1)	Exibição Padrão (2)
Belém	545	551	35
Fortaleza	1.084	778	60
Recife	2.153	555	100
Salvador	894	915	80
Belo Horizonte	1.926	1.250	120
Brasília	247	1.135	25
Rio de Janeiro	2.258	3.735	200
São Paulo	5.335	6.640	400
Curitiba	1.445	844	140
Porto Alegre	1.721	847	120

(1) População alfabetizada circulante com mais de 15 e menos de 70 anos (Censo 80 — dados projetados 1988).

(2) Número de cartazes para cobrir 80% da audiência potencial.

FONTE: Anuário Brasileiro de Mídia 1989-1990.

O *outdoor* passou, assim, a ser uma mídia muito flexível. Permite o uso localizado: apenas nos quarteirões em volta de uma loja, em um bairro, em uma região da cidade, em regiões de um estado, em um estado ou alguns deles e, se necessário, em todo o país, com um total de 28.831 tabuletas disponíveis. Ainda pode atuar como mídia básica (onde os outros meios são usados como apoio à propaganda em *outdoor*) e como mídia única (o *outdoor* é usado sem o apoio de qualquer outro veículo), sem esquecer o grande impacto visual do meio, ideal para lançamentos.

Os aspectos negativos envolvidos no uso do *outdoor* estão no elevado custo de produção, no alto investimento necessário para seu uso como mídia básica nas campanhas regionais e nacionais, e na impossibilidade de se conseguir uma seletividade do público.[22]

NOTAS BIBLIOGRÁFICAS

1. FERREIRA, Izacyl Guimarães & FURGLER, Neyza Bravo Mendes. *Dicionário brasileiro de comunicação*, p. 63.
2. *Idem, Ibid.*, p. 63.
3. CARRAMILLO NETO, Mário. *Contato imediato com produção gráfica*, p. 11.

4. RIZZINI, Carlos. *O jornalismo antes da tipografia*, p. 136.

5. COSTELLA, Antonio. *Comunicação — do grito ao satélite*, p. 83-5.

6. O Instituto Verificador de Circulação (IVC) é um órgão de auditoria a que podem filiar-se compulsoriamente jornais de periodicidade regular; revistas de interesse geral; publicações comerciais ou revistas especializadas, publicadas com periodicidade regular não inferior a quatro vezes por ano; anuários, catálogos e outras publicações editadas menos de quatro vezes por ano. As condições para que uma publicação se filie ao IVC são: *a*) a publicação deverá aceitar publicidade competitiva, a preços constantes de tabelas públicas; *b*) a publicação deverá estar em circulação durante um período mínimo de 3 meses antes do pedido de filiação; e *c*) a publicação deverá manter atualizados os registros contábeis necessários para a verificação do acerto da tiragem (matéria-prima em estoque e consumida; apuração de vendas, distribuição e expedição). Como serviços, o IVC fornece dados sobre a circulação de jornais e revistas e a distribuição dos mesmos por estados ou por regiões. Os estatutos e normas do Instituto Verificador de Circulação podem ser vistos em: FERREIRA, Izacyl Guimarães & FURGLER, Neysa Bravo Mendes. *Dicionário brasileiro de comunicação*, p. 119-33.

7. PENTEADO, José Roberto Whitaker. *Relações públicas nas empresas modernas*, p. 156.

8. TAHARA, Mizuho. *Contato imediato com mídia*, p. 20.

9. Warren A. Bahr. Uses of print media. *In*: BARTON, Roger, ed. *Handbook of advertising management*, p. 19-54.

10. BUITONI, Dulcília Helena S. O fato é que o fato merece ser re-visto. *Briefing*, São Paulo, n? 46, set./out. 1982, p. 9.

11. SAMPAIO, Mário Ferraz. *História do rádio e da televisão no Brasil e no mundo*, p. 94.

12. *Idem, ibid.*, p. 96.

13. FEDERICO, Maria Elvira Bonavita. *História da comunicação*, p. 38.

14. As rádios AM (Amplitude Modulada) transmitem os sinais eletromagnéticos pela modulação da amplitude (do comprimento) das ondas. As transmissões em AM podem ser feitas por meio de *ondas curtas* (OC), com comprimento entre 10 e 100 metros e a freqüência entre 10 e 30 megahertz; de *ondas tropicais* (OT), comprimento entre 50 e 150 metros e a freqüência entre 2.000 e 5.500 kilohertz; de *ondas médias* (OM), comprimento entre 100 e 1.000 metros e freqüência na faixa de 100 a 1.000 kilohertz; e de *ondas longas*, cujo comprimento varia de 1 a 10 km e a freqüência não ultrapassa 100 kilohertz. Por sua vez, as emissoras FM (Freqüência Modulada) transmitem os sinais eletromagnéticos pela modulação da freqüência das ondas, atuando nas freqüências entre 88 e 108 megahertz.

15. PACHECO, Odete & GADÊLHA, Simone. Entrevista com Luís Casali. *Meio & Mensagem*, São Paulo, 4 abr. 1988, p. 9.

16. *Apud* CUTLIP, Scott M. & CENTER, Allen H. *Relaciones públicas*, p. 363.

17. TAHARA, Mizuho, *op. cit.*, p. 33.

18. FEDERICO, Maria Elvira Bonavita, *op. cit.*, p. 82.

19. *Idem, ibid.*, p. 82.

20. No dia 27 de julho de 1984, a Phillips do Brasil comemorou seus 60 anos no país patrocinando um programa de 60 minutos, sem intervalos comerciais, em rede nacional de televisão. Surgiu assim "O Mundo vê TV", reunindo trechos dos programas mais importantes exibidos pelas emissoras e cadeias de televisão da Hungria, Coréia, China, Japão, URSS, Portugal, França, Itália, Inglaterra e Estados Unidos, além de novelas brasileiras dubladas em inglês, francês e italiano. Artistas brasileiros, como Miéle, J. Silvestre, Mário Lago, Beth Faria, Nélson Motta, Hebe Camargo e Chico Anísio, entre outros, atuaram como apresentadores, fazendo a ligação entre as partes. A iniciativa gerou uma forte e positiva repercussão em todo o país, trazendo grande prestígio para o anunciante. O detalhamento dessa experiência e as dificuldades enfrentadas e superadas pelos seus produtores podem ser conhecidos em: "O mundo vê TV". *Marketing*, São Paulo, n? 131, set. 1984, p. 10-9.

21. O valor da BTN, em dezembro de 1989, era de NCz$ 7,1324.

22. TAHARA, Mizuho, *op. cit.*, p. 27-8.

157

CONCLUSÕES

A nossa proposta, neste livro, foi estudar o papel e as funções que a propaganda desempenha como instrumento de Relações Públicas.

O exame da natureza das Relações Públicas mostrou que as atividades de Relações Públicas são compreendidas como uma filosofia da administração, uma função administrativa e uma técnica de comunicação.

Neste último aspecto, ao se posicionar Relações Públicas como uma técnica de comunicação, verificamos que o seu papel é bastante diversificado. Pode, por exemplo, atuar levando aos seus públicos os propósitos e realizações da empresa, estabelecendo um canal de ligação e entendimento entre o empregador e os empregados, informando como a empresa está trabalhando para beneficiar a comunidade ou os próprios consumidores de seus produtos.

Enfim, veiculando informação destinada a esclarecer as pessoas ou os públicos da empresa a respeito de um determinado assunto ou ação, o processo comunicativo vai resultar em uma verdadeira e efetiva interação entre a organização e os públicos.

Por sua vez, a propaganda deve ser entendida como o conjunto de técnicas e atividades de informação e persuasão destinadas a influenciar, em um sentido determinado, as opiniões, os sentimentos e as atitudes do público para os quais se destina. É paga por um anunciante ou patrocinador ostensivo, diferenciando-se da publicidade (voltada para a promoção de produtos e serviços) e da divulgação (realizada de forma editorial e gratuita).

O uso da propaganda como instrumento de Relações Públicas revelou a vantagem de assegurar à empresa a possibilidade de se fazer ouvir, no momento que julgar pertinente e diante dos públicos de sua conveniência. Ela pode ser direcionada a um público específico ou, se for o caso, a todos os públicos da empresa. Quando se tratar de grandes audiências a serem atingidas, a propaganda irá garantir menores custos de cobertura dos públicos pretendidos.

Assim caracterizada — e quando assume objetivos específicos de Relações Públicas — a propaganda recebe comumente a denominação de propaganda institucional ou de propaganda de Relações Públicas. Esta última, traduzida do inglês *Public Relations advertising*, é de pouco uso no Brasil, embora a nosso ver seja mais explicativa, já que o termo "institucional" carrega uma imprecisão conceitual muito grande.

Os propósitos da atuação da propaganda em Relações Públicas são também extremamente diversificados. Novos usos vão sendo constantemente incorporados pela propaganda, o que torna difícil a tarefa de enumerá-los sistematicamente. Entretanto, de uma maneira geral, é possível agrupar tais usos e propósitos exercidos pela propaganda no âmbito das Relações Públicas em cinco funções básicas: protetora, de identidade, institucional, de serviço público e de estímulo à ação.

A função *protetora* reúne todos os esforços tendentes a proteger a empresa de restrições originárias de regulamentação governamental desfavorável, a combater os efeitos de um contexto político adverso à defesa dos princípios do sistema econômico liberal. No desempenho desta função, as Relações Públicas se defrontam com controvérsias que, muitas vezes, são tornadas públicas pela cobertura dada pelos meios de comunicação. A propaganda pode, então, assumir o propósito de esclarecer a opinião pública acerca das questões controversas de natureza política, econômica, social e ambiental, a exemplo das controvérsias que se instalaram no Brasil por ocasião dos trabalhos e debates travados na Assembléia Nacional Constituinte. Embora em nosso país não haja uma denominação específica para este tipo de propaganda, o termo *issue advertising* é aplicado na literatura de língua inglesa a qualquer tipo de comunicação ou mensagem paga de uma fonte identificada e em meio convencional de propaganda, trazendo informação ou um ponto de vista sustentado perante uma controvérsia reconhecida publicamente.

A função de *identidade* está presente na propaganda cuja meta seja conferir uma personalidade organizacional para a instituição, estabelecida mediante um conjunto de atributos baseados principalmente em valores como tradição, experiência, dinamismo, segurança e alta tecnologia. A formação de uma identidade corporativa traz vantagens para o crescimento dos negócios de uma empresa, colocando-a no circuito comercial e aumentando seu currículo de clientes e consumidores potenciais. Na empresa que opera em diferentes áreas e com variadas unidades ou divisões, a propaganda proporciona a criação de uma identidade corporativa única, quando os esforços estarão concentrados em identificar a organização com maior precisão e associar suas inúmeras divisões com a entidade corporativa. Também ao construir uma reputação de prestígio para a empresa, a propaganda garante uma maior efetividade de resultados, principalmente no caso de produtos cuja natureza não pode ser avaliada pelo consumidor por si mesmo ou quando a divulgação dos produtos sofre restrições legais ou éticas.

A função *institucional* decorre da necessidade de legitimação da empresa, quando a propaganda envida esforços no sentido de promover a aceitação da organização como instituição pública. Frente às crescentes transformações sociais experimentadas pela sociedade brasileira e ao quadro ideologicamente hostil da opinião pública para com a empresa privada (seja estrangeira, seja nacional) como instituição, a propaganda de identidade tornou-se necessária para a empresa justificar seu significado social e legitimar sua ação. As organizações atuam, então, por meio de um discurso retórico que constrói com palavras e outros símbolos uma realidade dentro da qual os outros vejam as coisas como gostaríamos que fossem percebidas.

A função de *serviço público* é desenvolvida pela propaganda que está dedicada a causas sociais ou a serviços de utilidade pública, dando uma resposta aos interesses e necessidades da sociedade na forma de ações culturais, esportivas, comunitárias e sociais. Tais iniciativas são fatos ou ações geradoras de comunicação, produzindo a propaganda uma versão do fato e capitalizando-a em favor da instituição que as patrocine.

A função de *estímulo à ação*, por fim, agrupa as ações de propaganda desenvolvidas como instrumento de mobilização popular, para forçar uma mudança em práticas comerciais e industriais, influenciar medidas e iniciativas por parte do governo e apressar ou se opor à aprovação de leis. A iniciativa destas ações parte principalmente de empresas e instituições, embora nas sociedades mais politizadas grupos de cidadãos tenham se organizado para assumir a iniciativa, buscando a defesa de seus interesses comuns.

No cumprimento destas funções — e para alcançar os objetivos de comunicação que lhe forem atribuídos pelas Relações Públicas — a propaganda utiliza veículos que permitem atingir o público de forma massiva: rádio, televisão, cinema, revista, jornal e *outdoor*. Em razão das especificidades que guardam entre si, a seleção das mídias mais adequadas deve ter como pressuposto básico o conhecimento das características e natureza intrínseca de cada veículo de comunicação de massa.

BIBLIOGRAFIA

Akzo — "Crédito à vista". *Veja*, São Paulo, *21*(51) : 90-1, 21 dez. 1988.

ALBUQUERQUE, Adão Eunes. *Planejamento das relações públicas*. Porto Alegre, Acadêmica, 1981.

ALVES, Alfredo *et alii*. *Como fazer um audiovisual*. Petrópolis, Vozes, 1987. (Coleção Fazer, 23).

ANDRADE, Cândido Teobaldo de Souza. *Curso de relações públicas*. São Paulo, Atlas, 1986.

————. *Para entender relações púlicas*. 3. ed. São Paulo, Loyola, 1983.

————. *Psico-sociologia das relações públicas*. 2. ed. São Paulo, Loyola, 1989.

ANUÁRIO BRASILEIRO DE MÍDIA 1987-1988. São Paulo, Ed. Meio & Mensagem, 1987.

ANUÁRIO BRASILEIRO DE MÍDIA 1988-1989. São Paulo, Ed. Meio & Mensagem, 1988.

ANUÁRIO BRASILEIRO DE MÍDIA 1989-1990. São Paulo, Ed. Meio & Mensagem, 1989.

ARRUDA, Maria Arminda do Nascimento. *A embalagem do sistema*; a publicidade no capitalismo brasileiro. São Paulo, Duas Cidades, 1985. (Coleção História e Sociedade).

ASSOCIAÇÃO BRASILEIRA DE NORMAS TÉCNICAS. *Normas ABNT sobre documentação*; referências bibliográficas — NB-66. Rio de Janeiro, s.ed., 1978.

ASSOCIAÇÃO BRASILEIRA DAS INDÚSTRIAS DE ALIMENTAÇÃO — "Disputa de autoridade impede você de comer gelatina". *Veja*, São Paulo, *19*(988):44, 12 ago. 1987.

ASSOCIAÇÃO NACIONAL DOS FUNCIONÁRIOS DO BANCO DO BRASIL — "Funcionários do Banco do Brasil dão o sangue em outro banco. O banco de sangue". *IstoÉ-Senhor*, São Paulo, (982):77, 11 jul. 1988.

AUGRAS, Monique. *Opinião pública: teoria e pesquisa*. Petrópolis, Vozes, 1970.

BALCÃO, Yolanda Ferreira, ed. *O comportamento humano na empresa*; uma antologia. 2. ed. Rio de Janeiro, Fundação Getúlio Vargas, 1971.

Banco Boavista — "Banco Boavista. Um banco de qualidade, com novas idéias, antigos ideais e muito calor humano". *Exame*, São Paulo, *20* (26):17, 21 dez. 1988.

Banco Mercantil de Crédito S.A. — "1º banco em desempenho global em 1987". *Veja*, São Paulo, *20*(32):136-37, 10 ago. 1988.

BARDIN, Laurence. *Análise de conteúdo*. Trad. Luís Antero Reto e Augusto Pinheiro. Lisboa, Edições 70, 1979.

BARTON, Roger, ed. *Handbook of advertising management*. Nova York, McGraw-Hill, 1970.

BERNARDET, Jean-Claude. *O que é cinema*. 3. ed. São Paulo, Brasiliense, 1981. (Coleção Primeiros Passos, 9).

BIHLMEYER, Karl & TUECHLE, Herman. *História da igreja*. Trad. Pe. Ebion de Lima. São Paulo, Edições Paulinas, 1964. 3 vol.

BLACK, Sam. *Practical public relations.* 2. ed. Londres, Sir Isac Pitman and Sons, 1986.

BORDENAVE, Juan Diaz & CARVALHO, Horácio Martins de. *Comunicação e planejamento.* Rio de Janeiro, Paz e Terra, 1979. (Coleção Educação e Comunicação, 2).

BROSE, Reinaldo. *Cristãos usando os meios de comunicação social*; telehomilética. São Paulo, Paulinas, 1980.

BROWN, J. A. C. *A psicologia social da indústria*; relações humanas na fábrica. Trad. Hugo Benatti Júnior. São Paulo, Atlas, 1967.

BUITONI, Dulcília Helena Schroeder. O fato é que o fato merece ser re-visto. *Briefing*, São Paulo, *4*(46): 8-12, set./out. 1982.

CANFIELD, Bertrand R. *Relações públicas.* 2. ed. Trad. Olívia Krähenbühl. São Paulo, Pioneira, 1970. 2. vol.

CARRAMILLO NETO, Mário. *Contato imediato com produção gráfica.* São Paulo, Global, 1987. (Coleção Contato Imediato).

Ceras Johnson — "Aerosol que tem esta marca não ataca a camada de ozônio". *Superhiper*, São Paulo *14*(6):111, jun. 1988.

CHIAVENATO, Idalberto. *Recursos humanos.* Ed. compacta. São Paulo, Atlas, 1985.

CHILDS, Harwood L. *Relações públicas, propaganda & opinião pública.* 2. ed. Trad. Sylla Magalhães Chaves. Rio de Janeiro, Fundação Getúlio Vargas, 1967.

Citrosuco — "No balanço dos seus 25 anos, a Citrosuco apresenta o seu produto interno bruto: gente". *Veja*, São Paulo, *21*(49):77, 7 dez. 1988.

Clock — "A Clock está regendo com talento a cultura e o esporte". *IstoÉ-Senhor*, São Paulo, (982):39, 11 jul. 1988.

CONFEDERAÇÃO NACIONAL DA INDÚSTRIA *et alii* — "No mundo dos negócios, o Mundo fica melhor quando não tem fronteiras". *Veja*, São Paulo, *20*(30):22-3, 27 jul. 1988.

_____. "O Brasil é um excelente negócio para o Mundo. O Mundo é um excelente negócio para o Brasil". *IstoÉ-Senhor*, São Paulo, (984):50-1, 25 jul. 1988.

CONSELHO REGIONAL DE PROFISSIONAIS DE RELAÇÕES PÚBLICAS — CONRERP. *X Catálogo brasileiro de profissionais de relações públicas.* São Paulo, CONRERP-/PR, dez. 1988.

Consolidated Vultee Aircraft — "Os colossos que a Consolidated constrói!" *Seleções do Reader's Digest*, Nova York, *4*(18):135, jul. 1943.

CORRÊA, Tupã Gomes. *Contato imediato com opinião pública*: os bastidores da ação política. São Paulo, Global, 1988. (Coleção Contato Imediato).

_____. *Editoração*; conceitos, atividades, meios. São Paulo, Edinac, 1988.

COSTELLA, Antônio. *Comunicação — do grito ao satélite.* 2. ed. rev. e atualizada. São Paulo, Mantiqueira, 1984.

CUNDIFF, Edward W. *et. alii. Marketing básico*; fundamentos. Trad. Márcio Cotrim. São Paulo, Atlas, 1981.

CUTLIP, Scott M. & CENTER, Allen H. *Relaciones públicas.* 3. ed. Trad. esp. Manuel e Rosalía Vásquez. Madri, Rialp, 1963.

D'AZEVEDO, Martha Alves. *Relações públicas*; teoria e processo. Porto Alegre, Sulina, 1971.

DOMENACH, Jean-Marie. *A propaganda política.* Trad. Ciro T. de Paiva. São Paulo, Difusão Européia do Livro, s/d.

Editora Abril — "As empresas do ano". *Veja*, São Paulo, *20*(51):98, 21 dez. 1988.

ETZIONI, Amitai. *Organizações modernas.* 7. ed. Trad. Miriam L. Moreira Leite. São Paulo, Pioneira, 1984. (Biblioteca Pioneira de Ciências Sociais).

EVANGELISTA, Marcos Fernando. Instrumentos em relações públicas. *Marketing*, São Paulo, *21*(172):42-4, fev. 1988.

FARIA, Albino Nogueira de. *Introdução à administração.* Rio de Janeiro, LTC — Livros Técnicos e Científicos, 1985,

FARINA, Modesto & DEL NERO FILHO, Carlos. *Aspectos do marketing e da publicidade na América Latina.* São Paulo, Edgard Blücher — EDUSP, 1981. (Coleção Ciências e Técnicas Empresariais e de Comunicação).

FEDERICO, Maria Elvira Bonavita. *História da comunicação*; rádio e TV no Brasil. Petrópolis, Vozes, 1982. (Coleção Meios de Comunicação Social, 23).

FERNANDES, Francisco Assis Martins. *Relações públicas como instrumental da administração da controvérsia pública — estudo de casos*. Tese de doutorado. São Paulo, Universidade de São Paulo, 1985.

FERREIRA, Izacyl Guimarães & FURGLER, Neysa Bravo Mendes. *Dicionário brasileiro de comunicação*. São Paulo, Mercado Global, 1977. (Mídia, 1).

FOSSHAGE, Neal. Com veículos próprios. *Administração & Marketing*, São Paulo, *3*(22):17-9, jul. 1986.

FRANCO, Célio. Um rico filão: a propaganda legal. *Meio & Mensagem*, São Paulo, 8 set. 1988, p. 13.

FREITAS, Luiz Carlos Teixeira de, ed. O jogo da morte: uma campanha para salvar os que moram à beira da Raposo Tavares. *Briefing*, São Paulo, *3*(29): 47-50, jan. 1981.

FUNDAÇÃO INSTITUTO BRASILEIRO DE GEOGRAFIA E ESTATÍSTICA. *Anuário estatístico do Brasil — 1982*. Rio de Janeiro, IBGE, 1983.

GARBETT, Thomas F. *Corporate advertising;* the what, the why and the how. Nova York, McGraw-Hill, 1981.

GARCIA, Mauro Neves. O consumidor pergunta, o fabricante responde. *Marketing*, São Paulo, *16*(115): 12-5, maio 1983.

GARCIA, Nelson Jahr. *O que é propaganda ideológica*. São Paulo, Brasiliense, 1982. (Coleção Primeiros Passos, 77).

GIBSON, James L. *et. alii*. *Organizações*; comportamento, estrutura, processos. Trad. Carlos Roberto Vieira de Araújo. São Paulo, Atlas, 1981.

GOLDFEDER, Miriam. *Por trás das ondas da Rádio Nacional*. Rio de Janeiro, Paz e Terra, 1980. (Coleção Estudos Brasileiros, 47).

Grupo Empresarial Tupy — "Tupy. O papel de uma empresa aberta". *Imprensa*, São Paulo, *2*(15):19, nov. 1988.

Grupo Italmagnésio — "O Filho da Terra". *Exame*, São Paulo, *20*(17):39, 24 ago. 1988.

Grupo Ticket Serviços — "Razão Social. A Razão Social". *Exame*, São Paulo, *20*(24):64-5, 30 nov. 1988.

HALLIDAY, Tereza Lúcia. *A retórica das multinacionais*; a legitimação das organizações pela palavra. São Paulo, Summus, 1987. (Novas buscas em comunicação, 21).

House of Lords — "Para entrar nesta Casa ou você é um Lord ou um House of Lords". *IstoÉ-Senhor*, São Paulo, (991):68-9, 14 set. 1988.

HYMER, Stephen. *Empresas multinacionais*; a internacionalização do capital. 2. ed. Trad. Aloísio Teixeira. Rio de Janeiro, Graal, 1983. (Biblioteca de economia, 3).

IBM Brasil — "IBM Brasil. 70 anos dedicados a um maravilhoso espetáculo chamado gente". *Senhor*, São Paulo, (341):10-1, 29 set. 1987.

Inbrac — "A Inbrac já conquistou o mundo. O espaço é uma questão de tempo". *IstoÉ-Senhor*, São Paulo, (982):107, 11 jul. 1988.

Jornal da Tarde — "Trapaleão". *Jornal da Tarde*, São Paulo, 27 mar. 1987, p. 1.

Jornal do Commercio — "Poucos jornais do mundo poderiam assinar este anúncio". *Senhor*, São Paulo, (336):28, 25 ago. 1987.

JORNAIS: influentes, eficientes e cobrindo todo o país. *Meio & Mensagem*, São Paulo, 2. quinz. fev. 1984, Informe Especial n? 21, p. 4.

KARGER, D. W. *La publicidad*; que es y para que. Madri, Index, 1973.

Kibon — "A Kibon tem um telefone só para atender gente importante". *Veja*, São Paulo, *20*(14):10-1, 13 jul. 1988.

KUNSCH, Margarida Maria Krohling. *Planejamento de relações públicas na comunicação integrada*. São Paulo, Summus, 1986. (Novas Buscas em Comunicação, 17).

————. Propostas alternativas de Relações Públicas. *INTERCOM — Revista Brasileira de Comunicação*, São Paulo, *10*(57):48-58, jul./dez. 1987.

LAMPREIA, J. Martins. *A publicidade moderna*. Lisboa Editorial Presença, 1983.

LEDUC, Robert. *Propaganda*; uma força a serviço da empresa. Trad. Sílvia de Lima Bezerra Câmara. São Paulo, Atlas, 1972. (Coleção Escola Superior de Propaganda, 1).

LEITE, Roberto de Paula. *Relações públicas*. São Paulo, José Bushatshky, 1971.

LIMA, Gérson Moreira. *Releasemania*; uma contribuição para o estudo do "press-release" no Brasil. São Paulo, Summus, 1985. (Novas Buscas em Comunicação, 2).

LLOYD, Herbert. *Public relations*. 3. ed. Londres, Hodder and Stoughton, 1980.

LORENZETTI, Valentim. Relações Públicas numa sociedade que se democratiza. *Revista de Comunicação*, Rio de Janeiro, *2* (5): 22-23, jan./fev./mar. 1986.

MACHADO, Ana Maria. Informação objetiva, mito muito enganador? *Cadernos de Jornalismo e Comunicação*, Rio de Janeiro, (35):3-8, mar./abr. 1972.

MALANGA, Eugênio. *Publicidade*; uma introdução. São Paulo, Atlas, 1977.

MATTIUSSI, Dante, ed. Caderno de Mídia. *Imprensa*, São Paulo, *3*(26): 69-90, out. 1989.

Movimento Nacional pela Livre Iniciativa - "Não há liberdade política sem liberdade econômica". *Propaganda*, São Paulo, *32*(385) :46-7, maio 1987.

_____. "Sem liberdade econômica, a liberdade humana não se mantém de pé". *Veja*, São Paulo, (987):96-7, 5 ago. 1987.

MURIEL, María Luisa & ROTA, Gilda. *Comunicación institucional*; enfoque social de relaciones públicas. Quito (Equador). Ediciones CIESPAL, 1980. (Colección Intiyan, 12).

NOGUEIRA, Nemércio. RP: princípios e mecanismos. *Mercado Global*, São Paulo, *12* (64): 42-45, jul./ago. 1985.

_____. Sumário profissional, aspectos jurídicos e atividades específicas de Relações Públicas. *Propaganda*, São Paulo, *23* (271):30-36; fev. 1979.

O DIA em que a testemunha calou. *Imprensa*, São Paulo, *1* (5): 12-13, jan. 1988.

O Estado de S. Paulo — "Pra toda hora". *IstoÉ-Senhor*, São Paulo, (984):78-9, 25 jul. 1988.

OLIVEIRA, Djalma de Pinho Rebouças de. *Planejamento estratégico*; conceitos, metodologia e práticas. São Paulo, Atlas, 1986.

O MUNDO vê TV. *Marketing*, São Paulo, *17*(131):10-9, set. 1984.

O SISTEMA de livre iniciativa é a base da democracia. *Propaganda*, São Paulo, *32* (385):59-60, maio 1987.

O VEÍCULO para os formadores de opinião. *Meio & Mensagem*, São Paulo, 16 maio 1988, p. 16.

Oxiteno — "Isto é uma denúncia sobre uma das maiores indústrias petroquímicas brasileiras". *Exame*, São Paulo, *20* (16):93, 10 ago. 1988.

PACHECO, Odete. Veículos contribuem para a guerra contra a AIDS. *Meio & Mensagem,* São Paulo, 17 ago. 1988, p. 14-5.

PACHECO, Odete e GADELHA, Simone. Entrevista com Luís Casali. *Meio & Mensagem*, São Paulo, 4 abr. 1988, p. 7-9.

PALMA, Jaruês Rodrigues. *Jornalismo empresarial*. Porto Alegre, Sulina/ARI, 1983.

PENTEADO, José Roberto Whitaker. *A técnica da comunicação humana*. São Paulo, Pioneira, 1964. (Biblioteca Pioneira de Administração e Negócios).

_____. *Relações públicas nas empresas modernas*. 2. ed. São Paulo, Pioneira, 1978 (Biblioteca Pioneira de Administração e Negócios).

PENTEADO FILHO, José Roberto Whitaker. Propaganda institucional funciona? *Propaganda*, São Paulo, 32 (391): 58-61, out. 1987.

PERUZZO, Cicilia Krohling. *Relações públicas no modo de produção capitalista*. São Paulo, Cortez, 1982. [Passou a ser editado pela Summus, na série Novas Buscas em Comunicação, vol. 9].

PINHO, J.B. *Comunicação em marketing*; princípios da comunicação mercadológica. Campinas (SP), Papirus, 1988.

Pirelli — "Fórmula brasileira". *Veja*, São Paulo, (990):24-5, 26 ago. 1987.

PLAZA, Júlio. *Videografia em videotexto*. São Paulo, Hucitec, 1986.

PORTO Seguro luta contra a nossa "Guerra no Vietnã". *Meio & Mensagem*, São Paulo, 12 dez. 1988, p. 27.

Proálcool — "De cada 40 brasileiros, pelo menos um vive do Proálcool". *IstoÉ-Senhor*, São Paulo, (995):79, 12 out. 1988.

Proálcool — "Ele manda no petróleo. Mas no álcool mandam os brasileiros". *Veja*, São Paulo, (991):106-7, 2 set. 1987.

PROÁLCOOL: mais uma crise de identidade. *Exame*, São Paulo, *20*(25):90, 14 dez. 1988.

RABAÇA, Carlos Alberto & BARBOSA, Gustavo. *Dicionário de comunicação*. Rio de Janeiro, Codecri, 1978.

Rede Globo de Televisão — "O povo não é bobo. Prefere a Rede Globo". *IstoÉ-Senhor*, São Paulo, (985):35-7, 1º ago. 1988.

REGIANI, Lúcia *et alii*. O videotexto como instrumento de marketing. *Mercado Global*, São Paulo, *14*(70):19-26, jan./fev./mar./abr. 1987.

REGO, Francisco Gaudêncio Torquato do. *Jornalismo empresarial*, São Paulo, Summus, 1984.

_____. *Comunicação empresarial, comunicação institucional*; conceitos, estratégias, sistemas, estrutura, planejamento e técnicas. São Paulo, Summus, 1986. (Novas Bucas em Comunicação, 11).

RIZZINI, Carlos. *O jornalismo antes da tipografia*. São Paulo, Nacional, 1977.

SAMPAIO, Mário Ferraz. *História do rádio e da televisão no Brasil e no Mundo*; memórias de um pioneiro. Rio de Janeiro, Achiamé, 1984.

SANT'ANNA, Armando. *Propaganda*; teoria, técnica e prática. 3. ed. rev. e ampliada. São Paulo, Pioneira, 1981. (Manuais de Estudo).

SANTOS, Reinaldo. *Vade-mécum da comunicação*. Rio de Janeiro, Edições Trabalhistas, 1984.

SECRETARIA DE DEFESA DO CONSUMIDOR. *Sedecon*; ed. comemorativa de 10 anos. Campinas, Sedecon, 1986.

SERRA, Floriano. *A arte e a técnica de vídeo*; do roteiro à edição. São Paulo, Summus, 1986.

SETHI, S. Prakash. *Advocacy advertising and large corporations*. Lexington, Mass., Lexington Books, 1977.

SILVA, Roberto P. de Queiroz e, coord. *Temas básicos em comunicação*. São Paulo, Paulinas, 1983.

SIMÕES, Roberto Porto. *Relações públicas*; função política. Novo Hamburgo, Federação de Estabelecimentos de Ensino Superior, 1984.

SIMÕES, Roberto. *Legislação da propaganda e da promoção de vendas*. São Paulo, Atlas, 1972. (Série Manuais de Legislação, Atlas, 4).

Sistema Brasileiro de Televisão. "Eles são vice. Nós também". *Senhor*, São Paulo, (350):82-3, 1º dez. 1987.

SOARES, Ismar de Oliveira. *A campanha da igreja sobre comunicação*; a controvertida busca de um novo discurso. São Paulo, Escola de Comunicações e Artes/USP, 1989 (Simpósios em comunicações e artes, 1).

STRIDSBERG, Albert. *Controversy advertising*. Nova York, Hastings House, 1977.

TAHARA, Mizuho. *Contato imediato com mídia*. São Paulo, Global, 1986 (Coleção Contato Imediato).

TOLEDO, Geraldo Luciano. *Marketing bancário*; análise, planejamento, processo decisório. São Paulo, Atlas, 1978.

TRIPODI, Toni *et alii*. *Análise da pesquisa social*; diretrizes para o uso de pesquisa em serviço social e ciências sociais. Trad. Geni Hirata. Rio de Janeiro, F. Alves. 1975.

VALLADA, Kardec Pinto. *Os "releases" no contexto da comunicação empresarial*. São Paulo, Instituto de Pesquisas de Comunicação Jornalística e Editorial-IPCJE/USP, 1987 (Série Pesquisa, 4).

Yves Saint Laurent — "Yves Saint Laurent". *Moda Brasil*, Rio de Janeiro, (41):16-7, ago. 1988.

ZANIBONI NETTO, Verginio. *Videotexto no Brasil*. São Paulo, Nobel, 1986.

Zenith — "S.O.S.". *Seleções do Reader's Digest*, Nova York *4*(18):154, jul. 1943.

summus editorial

CADASTRO PARA MALA-DIRETA

Recorte ou reproduza esta ficha de cadastro, envie completamente preenchida por correio ou fax, e receba informações atualizadas sobre nossos livros.

Nome:_____ Empresa:_____

Endereço: ☐ Res. ☐ Coml. _____ Bairro:_____

CEP: _____-_____ Cidade: _____ Estado: _____ Tel.: ( ) _____

Fax: ( ) _____ E-mail: _____ Data de nascimento: _____

Profissão:_____ Professor? ☐ Sim ☐ Não Disciplina: _____

1. Você compra livros:

☐ Livrarias ☐ Feiras
☐ Telefone ☐ Correios
☐ Internet ☐ Outros. Especificar:_____

2. Onde você comprou este livro?

_____

3. Você busca informações para adquirir livros:

☐ Jornais ☐ Amigos
☐ Revistas ☐ Internet
☐ Professores ☐ Outros. Especificar:_____

4. Áreas de interesse:

☐ Educação ☐ Administração, RH
☐ Psicologia ☐ Comunicação
☐ Corpo, Movimento, Saúde ☐ Literatura, Poesia, Ensaios
☐ Comportamento ☐ Viagens, *Hobby*, Lazer
☐ PNL (Programação Neurolingüística)

5. Nestas áreas, alguma sugestão para novos títulos?

_____

6. Gostaria de receber o catálogo da editora? ☐ Sim ☐ Não

7. Gostaria de receber o Informativo Summus? ☐ Sim ☐ Não

Indique um amigo que gostaria de receber a nossa mala direta

Nome:_____ Empresa:_____

Endereço: ☐ Res. ☐ Coml. _____ Bairro:_____

CEP: _____-_____ Cidade: _____ Estado: _____ Tel.: ( ) _____

Fax: ( ) _____ E-mail: _____ Data de nascimento: _____

Profissão:_____ Professor? ☐ Sim ☐ Não Disciplina: _____

cole aqui

Summus Editorial
Rua Itapicuru, 613 7º andar 05006-000 São Paulo - SP Brasil Tel. (11) 3872-3322 Fax (11) 3872-7476
Internet: http://www.summus.com.br   e-mail: summus@summus.com.br